农民培训需求调研指南

北京市农业局　组编

中国农业大学出版社

主　编:王德海　魏荣贵　吴建繁

副主编:潘卫凤　张丽红　肖长坤　吴文强　石尚柏　张　涛

编写人员(按姓氏笔画排序):

丁宝光　王凤山　王书娟　王本作　王自成　尹光红
王秀芹　王保中　王春霞　王　涛　韦　强　王福贤
云　鹏　艾萍萍　王德海　孙　超　田　满　李文民
安永利　李红良　李　冲　李亚新　刘　芳　李孟洲
刘秀清　吕　建　池美娜　李秋红　江真启　刘艳松
刘唯一　张卫东　吴万军　肖长坤　吴文强　杨龙峰
张　帆　张庆国　张红英　张秀云　张丽红　陈连国
吴建繁　张保东　陈奎春　宋荣哲　张　涛　张海平
张振兴　张晓晟　张彩萍　杨爱全　谷培云　张雪梅
郑仲民　周吉红　郑伯武　郑迪华　郑海军　罗桂河
苗增璋　赵万全　赵世福　侯　伟　娄庆新　赵志勇
郭洪静　赵振满　哈雪姣　徐小会　贾树合　徐晓玲
贾淑芬　崔长存　黄以华　崔文清　麻志宏　曾剑波
韩国亮　谢　磊　程德民　路玉良　雷志颖　潘卫凤
熊东艳　潘　勇　廖柏生　魏荣贵　魏建峰

序

为全面贯彻落实党的十七届三中全会精神，深入贯彻落实科学发展观，统筹推进首都城乡经济社会一体化发展，推进城乡公共服务均等化，加快培养农村有文化、懂技术、会经营的新型农民，北京市农业局积极实践与探索，围绕“一村一品”开办农民田间学校近500所，1万多农民在参与式培训中增长知识、提升技能、提高素质，辐射带动20万京郊农民增收致富。实践表明：农民田间学校贴近农村、贴近农民、贴近实践，是促进农民与技术、市场、信息对接，加快科技成果转化的有效平台，是引导科技人才、科技成果、科技知识向农村聚集的有效载体，是创新推广机制、培养新型农民、调动农民主体参与新农村建设的有效模式。为促进京郊农民田间学校规范化、高质量建设与发展，北京市农业局组织编写了《农民培训需求调研指南》和《农民田间学校建设指南》（简称指南），两本指南为农技人员有效开展以农民为核心、以需求为导向的农民培训和农技推广提供了参与式需求调研的方法和推广技巧，将有效促进农技人员知识更新和结构改善，增强农技人员为农民服务的本领；将对加快有专业基础、能够深入农村、了解农民需求的农民辅导员队伍建设，充分发挥农民主体作用和首创精神有重要指导作用；对推动新农村和谐建设、农村经济社会又好又快发展，促进“人文北京、科技北京、绿色北京”建设具有重要作用。

北京市农业局局长 赵根武

2009年10月

编者的话

我国的农业推广和农民培训有着很辉煌的历史，曾经是世界许多国家学习的楷模。然而，随着社会主义市场经济替代计划经济的步伐加快，农业推广和培训的工作方式方法呈现出滞后甚至缺失。这种滞后和缺失集中体现在农业推广与农民需求存在很大差距。具体表现为：在时间精力上，过去是、现在仍然是花大量的时间和精力为了完成试验而做试验，为了推销产品而观摩交流，很少深入农村开展参与式的农民需求调研，很少花精力结合农民的生产问题和农民需要的品种和技术设计试验与观摩；在推广方法上，以技术为本，培训就是告诉农民我有什么技术，不考虑农民需求什么、能否接受、是否适用，以及用后的效果和反应，缺少田间地头的现场指导与实践；在推广层面上，多数技术传播停留在区县和乡镇层面，没有深入到农村、农民的生产过程中，技术入户最后一公里仍没有解决；在推广效果上，缺少农民评估和效果考核，缺乏推广活力和创新动力。

为了创新推广机制，激发农技推广活力和创新动力，凸显公益性推广队伍在都市型现代农业中发挥的作用，培养新型农民，提高劳动者素质，促进农民增收，北京市自 2005 年开始开办农民田间学校。其宗旨是，将技术人员思路与农民想法紧密结合、将技术和产品与农民需求紧密结合、将田间试验与农民问题紧密结合、将技术成果转化与农民增收紧密结合，使过去的无效推广或效率不高的推广转为高效推广，发挥科技指导生产、引领产业升级的作用，解决农业科技入户最后一公里问题。农民田间学校的实践使农业技术推广有了明显的改变，具体表现在：以“技术为本”的农技推广向“以人为本”的农技推广转变；以推广生产技术向推广生产、生活、生态综合技术转变；以“面上”推广单项技术为主向“整村推进”成果落地转变。为了在已经取得的经验的基础上使农民田间学校更加有效果和规范化，我们编写了这本指南。它既可以作为培训农民田间学校辅导员的教材，也可以用于田间学校辅导员的自学参考书和实际工作参考书。读者通过阅读和学习这两本指南，能够充分理解农民培训的理论与方法，能够掌握参与式农民培训需求调研方法和田间学校培训技巧，能有效利用田间学校的培训形式和工作步骤，并在实践中加以尝试应用，是编者的最大欣慰。

由于编者的水平有限，加之时间仓促，行文中不可避免地存在许多缺点和不足，恳请读者赐教，多加批评指正，以便使这本指南真正成为理论与实践相结合的高质量的读物，成为推广培训工作者喜欢阅读并在工作中离不开的手册。

编 者

2009 年 10 月

目　录

第一章　农民培训需求调研的概念

第一节　农民的知识与能力

一、农民的知识

农民有知识吗？是农业技术员有知识还是农民有知识？传统观念认为，知识产生于研究者，只有研究者和专家才能具有知识，农民不是知识的创造者，只是知识的应用者。因此，农业推广才有作用。农业推广的作用在于将科学家研究出来的知识传递给农民，使农民得以应用这些知识。上述思维逻辑和认识基础是传统农业知识系统的基本观点，认为知识起源于研究，结束于农民的应用。既然农民是知识的应用者，那么，如果说农民有知识，也不应该是自己的知识，因为他们自己不会创造知识。近年来，人们对知识系统的研究发现，这种认识是一个误区。

实际上，农民与科学家一样，也是知识的创造者。农民祖祖辈辈生活在同一个社区内，在长期的生产实践中积累了很多知识，他们的知识可能没有被写成书或文章，但却在生产生活的实践中发挥着不可替代的作用。例如，许多农民对有机肥施用的知识，对农药使用的敏感性，对当家品种的肯定与认同以及农民在农事活动中的许多创新发明，许多少数民族地区农民对环境保护的强烈意识和习俗都说明农民有自己的知识，这种知识被称为“乡土知识”，是科学知识的源泉和重要补充。

一个人的受教育程度或文化水平不等于一个人的知识水平。与农业技术人员相比，农民的文化水平也许不高，但农民有乡土知识，他们所具有的乡土知识是实践经验的总结，影响着他们的态度和行为。

由于农民有自己的知识，技术人员有自己的知识，两种知识只有找到一个结合点才能实现知识和信息的传播与共享。如果技术人员想真正帮助农民解决农民面临的生产生活问题，就一定要有能力了解农民，了解农民的知识。

二、农民的技能与态度

态度指一个人对某种事物的喜好或厌恶，积极或消极的情绪。农民在生产实践中积累了丰富的经验，获得了从事农业生产活动较高的熟练技能水平。农民的知识和丰富经验转化的技能水平决定了他们自己的价值观和待人接物的基本态度。除此之外，农民的态度往往与当地的资源禀赋、本身的贫富程度和社会地位有关。因此，农民的态度有着可以理解的合理性。例如，农业推广人员推广一项新的农业技术，费了很大力气但并得不到农民的认同，并不是农民“愚昧”、“落后”，而是农民从自己的知识、技能和经验出发的一种符合自己思维逻辑的合理反应。有能力的农业推广人员应该能够了解农民态度背后的那些知识和经验以及所起作用的技能水平。从这种认识出发，也可以理解农民的信贷意识或风险意识低等问题，因为我们知道，当一个人拥有 1 万元和 1 000 元的时候，对于 100 元的风险意识的承受能力是不同的。从农民的视角去观察和分析问题，才能理解农民的态度和行为。

三、农民的能力和行为表现

从某种意义上说，培训是个人为提高本身素质而参加的有组织的学习过程。这里的素质指一个人具有的知识、技能水平和态度。所有这些决定着一个人的行为表现。因此，一个人的行为表现是其所具备的知识、技能和态度的集中体现。

例如，一个农民如果没有病虫害防治方面的知识，不具备如何使用农药或生物防治的操作技术，当遇到问题时就会觉得束手无策、一筹莫展或者滥用农药，使作物造成药害或发生人畜中毒事故等。所以，如果想了解一个人的知识和技能水平，一般常识上往往通过考试来判断。但是，考试对成年人来讲并不是一个很好的方法，人们不习惯也不喜欢，实践证明，也并不能反映一个人的真实水平。一个比较容易的办法是观察或考察一个人的工作绩效，这种工作绩效是一个人工作情况的反映，常常称为行为表现。例如，上述的这位农民，通过观察他的行为表现便可以知道他不具备病虫害防治和农药使用的知识和技能。

有时候，一个人可以具备某些技能，但并不具备与这些技能相关的知识。例如，驾驶汽车，很多人只会开车，转动方向盘，踩离合器、油门和刹车板，但没有一点机械常识。对于一般人来说，也许这就足够了。但是如果具备了机械常识并懂得发动机原理，再学会一点儿修理技术，这个人除会开车之外，还会处理一些汽车发生的常见故障。与仅会开车的人比较起来，这些人就更有能力胜任这项工作。如果一个人既具备技能，又有与技术相适应的相关知识，严格地说，这个人并不能保证具有竞争力的行为表现。因为一个人的态度对于知识和技能的有效应用也起着很重要的作用。开斗气车、闯红灯、酒后开车等，这些都不属于知识与技能的范畴，而更多地是一个人态度的表现。从这个意义上说，知识、技能和态度的综合，才是一个人的行为表现的反映，如图 1-1 所示。

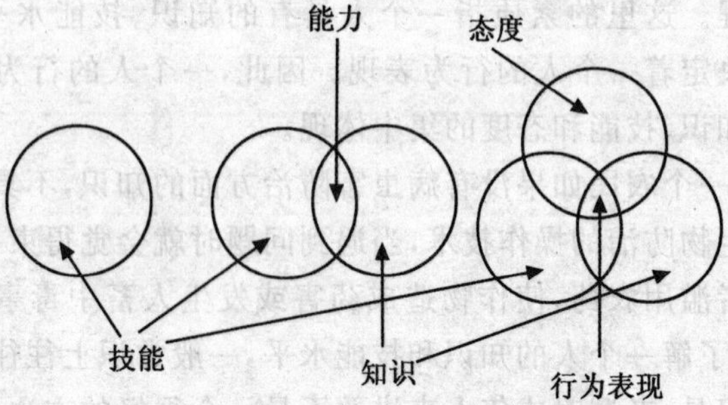

图 1-1　知识、技能、态度与行为表现

第二节　农民培训需求

一、什么是培训需求

为了说明什么是农民培训需求，首先需要理解培训需求的概念。什么是培训需求呢？简单地说，一个人的培训需求是目标行为表现与目前行为表现的差值，如图 1-2 所示。

图 1-2　培训需求的确定

一个人目前的行为表现是一个人现有知识、技能和态度的具体反映。一般来说，培训需求始于组织或个人对目前的行为表现的不满足。由于不满足现状，就要有一个比现在好的目标或与之比较的参照物，这就是目标行为表现。换句话说，只有有目标行为表现的需求或者吸引，才可能产生对目前行为表现的不满足。所以，目标行为表现是培训需求产生的动力。例如,一个种植小麦的农户,今年亩[①]产250公斤,而他的邻居达到亩产500公斤的水平,那么,邻居的产量水平就可能是这个农户的奋斗目标。250公斤小麦的产量指标要求一定的管理水平,而500公斤的产量指标则要求完全不同的管理水平,它是农户在现有知识、技能水平和态度的基础上的提高。根据现在栽培技术的发展水平,完全可以将提高250公斤产量的技术指标量化,量化后的指标体系所需要的知识、技能和态度水平与这个农户现有的知识、技能和态度的差距,就是这个农户的培训需求。

无论个人或组织,如果未来的目标明确,同时又对目前的知识、技能和态度水平或行为表现的基本状况比较清楚,那么两者的差值就是培训需求。

二、什么是农民培训需求

如果将农民培训确定在农民技术培训层面上,农民的培训需求实际上是农民为了实现增产增收的目标,农民目前的行为表现与实现既定目标所要求的目标行为表现在知识与技能方面表现的差距。例如,北京市要求率先实现现代农业,现代农业有一套指标,这些指标决定现代农业的水平,而现代农业的水平的实现需要一大批有文化、懂技术、会经营的农民的努力和奋斗。怎样才能将目前处于传统农业向现代农业过渡期的农民,在更习惯于传统农业的知识和技能的情况下,转变为适应首都社会经济发展的新型农民,是每一个农业推广人员和辅导员的义不容辞的责任。

作为一个农业推广人员、农民田间学校的辅导员,需要问自己:我了解农民的培训需求吗?

---

①亩为非法定计量单位,1亩=1/15公顷。

三、农民培训需求的特征

农民的培训需求具有如下一些基本特征。

1. 显性需求少

农民的显性需求表现为对现实服务和价格的基本需要，这些需要是可以通过农民用语言表达出来的。鉴于农民较低的文化水平和受到表达能力的限制，农民的显性需求不多。

2. 隐性需求多

农民的大部分需求其实不是通过表达被别人发现的，这部分需求被称作隐性需求。因此，调查者不能光靠提问和回答的方式完成农民需求的调研，还应该结合观察和案例分析来发现农民的需求和培训需求。

3. 需求局限性大

农民的需求是可以诱导的。由于生产生活环境条件的限制，农民的需求往往具有局限性。农民所表达的局限性需求可以通过适当的参观、考察、观摩等方式加以引导，农民的需求在一定程度上可以冲破局限性。

第三节　农民培训需求调研

一、什么是需求调研

需求是在一定环境条件下，个体或群体本能的或根据某种目标指导下的需要、意愿或兴趣。

需求调研是需求调查与对调查数据进行分析、研究的简称。

需求调查是为了了解工作对象的需求所开展的相关信息的收

集。需求调查是一个广义的概念，根据领域和目标的不同有不同的需求调研，例如，某种产品的市场需求调查；产业发展需求调查；培训需求调查等。

需求研究是对需求调查得到的数据资料进行分析的过程。

二、什么是农民培训需求调研

培训需求往往是为了实现组织预期的目标或个人的目标，在一定时期内或目前需要培训的内容。

农民培训需求调研指调查者运用适合的方法，在产业发展战略和发展目标指导下，系统化地了解农民（潜在受训者）在所处环境下为了实现既定目标所存在的问题以及知识和技能方面的水平和与提高潜在受训者素质的相关信息的过程。农民培训需求调研的目标是制订农民培训计划。农民培训需求调研应该从产业发展问题入手，农民培训需求调研后要求围绕主导产业发展制订 3 类培训计划：①长期和短期系统培训班计划；②单个培训班计划；③培训课程计划（系统计划/教案/课件）。

培训需求调研的过程也称为培训需求评估或分析。其含义指，在社区发展目标的指导下，通过从社区生产发展问题入手，对潜在受训者（被调查者）进行生计分析，发现和确定潜在受训者的知识与技能的培训间距，即目标行为表现与目前行为表现的差值。在农民培训需求调研结束之后，调查者将培训调查和分析的过程、发现、结论和建议总结整理成文本，即农民培训需求调研报告。

三、为什么要开展农民培训需求调研

通过培训，使农民能够发现创收的途径，建立和发展优势产业，实现农民增收的目标。为了开展好农民培训，就需要进行农民培训需求调查和农民培训需求分析，这是正确开展农民培训的前提。

培训需求是开展有效培训工作的出发点。不考虑培训需求的培训就像不问季节的播种，只能是浪费金钱和精力。

过去，许多机构开展的培训工作之所以效果不好，很重要的原因就是培训组织者没有培训需求的概念。认为每个人都是天然的培训对象，任何知识学了对人无害。只要上级有培训经费，主管领导决定要举办什么培训班，学员是那些有时间参加培训的人员，教师都是现成的，需要做的工作就是确定时间、地点、做好食宿安排就行了。结果造成了许多人对培训缺乏应有的重视，敷衍了事。

考虑培训需求，就是要克服过去盲目培训的倾向，提倡培训科学化，这是我国提高工作效率，提高农村人口素质的重要环节。

(一)培训需求分析的概念

培训需求分析是通过问题分析、培训对象分析，最终确定培训需求的过程。既然培训需求是目标行为表现与目前行为表现的差值，那么培训需求分析就似乎变成了一道简单的算术题。可是，实际上并非如此。目前行为表现和目标行为表现往往是未知数或至少不明确。因此，真正的培训需求是需要认真分析才能确定的。

(二)为什么要进行培训需求分析

1.培训需求分析要找出真正需要接受培训的培训对象

不是所有人都是培训对象，也不是所有培训对象都需要接受同样内容的培训。培训需求分析需要通过对问题的分析，确定真正需要培训的培训对象。例如，在种植业和养殖业发展落后的地区，那里的农民需要培训。当培训开始时，参加者往往都是男性农民，农村妇女参加培训的不多。培训班办过多次，种植业和养殖业仍然没有任何改进。经过调查才发现，原来这个地区从事种植业和养殖业生产的大部分是妇女，男性农民出去打工的比较多。因此，即使参加培训的人数很多，但真正需要培训的人都没有到。培训对象选择错误，这是培训不能达到预期效果的主要原因。

2.培训需求分析要找出受训者自发的学习需要

培训需求是指受训者为了获得某种知识或技能的一种自发的学习需要。培训需求分析就是要通过一定的手段和方法确定受训者这种自发的学习需要。因为只有当学习者在实际工作中意识到了某种知识或技能的不足,产生了学习的欲望,即由某种自发的需要激发了接受培训的动机的时候,接下来的培训才可能有效。

3.培训需求分析要找出学习者没有意识到的需求

没有意识到的需求分为两种:一种是完全没有意识到行为表现的差距;另一种是虽然意识到了行为表现的差距,但并不认为是缺乏培训的结果。对于第一种情况,虽然没有意识到,但并不说明不需要培训。对于第二种情况,至少为培训需求分析者提供了培训需求分析的领域和题目。

4.培训需求分析要找出受训者所具有的知识和技能水平

通过培训需求分析,要搞清楚学习者在某个特定领域所具有的能力并为这种能力准确定位,从而确定学习者需要哪方面以及在什么层次上的培训。

5.培训需求分析要找出受训者将来所需要的知识和技能水平

培训需求可分为个人的培训需求和组织的培训需求。个人的培训需求指一个人由于社会压力或工作压力意识到自己所具有的知识和技能水平尚不能胜任本职工作,或达不到自己所期望工作的要求,因此萌发了进一步提高自己的动机。组织的培训需求往往不是始于某个职工的个人愿望,而是为了达到组织目标,也就是出于组织保持和组织发展的整体考虑所产生的培训需要。如果有矛盾,个人应该以服从组织安排为前提;同时,组织的决策也要尽量考虑每个职员的特点和积极主动性。因此,在开展培训需求分析时,既要考虑组织目标,也要考虑个人发展,最终达到两者的结合统一。

6. 培训需求分析要找出通过培训不能够解决的问题

不是所有的问题都可以通过培训解决，有许多问题通过培训不能解决。培训需求分析就是要找出这些问题。例如，农民没有采纳推广人员所推荐的新技术，原因可能有很多种，不一定是农民缺乏此项新技术的培训，很有可能是农民没有足够的此项技术所要求的那些必要的投入。资源限制的问题，培训是无能为力的。

小结

农民培训需求调研基于对农民知识的尊重和农民价值观的理解。农民培训的目标是提高农民的素质和能力，而农民的能力是农民知识和技能的结合。农民的行为是分析农民需求的切入点，而农民的行为表现是农民知识、技能和态度的集中体现。因此，只有了解农民的知识、技能和态度，才能通过培训帮助农民改变行为，实现预期的目标。一个人的培训需求是目标行为表现与目前行为表现的差值。农民培训需求有隐性需求的特点，不应该试图仅依靠农民的口头表达来了解农民的培训需求。农民培训需求调研的目标是制订农民培训计划。农民培训需求调研应该从产业发展问题入手，农民培训需求调研后要求围绕主导产业发展制订 3 类培训计划：①长期和短期系统培训班计划；②单个培训班计划；③培训课程计划（系统计划/教案/课件）。为了开展好农民培训，就需要进行农民培训需求调查和农民培训需求分析，这是正确开展农民培训的前提。

第二章　农民培训需求调研的方法概述

第一节　参与式农民培训需求调研方法

一、什么是参与式农民培训需求调研方法

参与式农民培训需求调研方法是指，从事农业和农村发展的工作者包括干部、教师、研究人员、推广人员，在与农民一起工作的时候所使用的方法，这种方法不是自上而下的行政命令方式，而是自下而上的一整套在调查和讨论基础上群体决策的方法。

参与式农民培训需求调研方法是一种参与式传播与沟通方法，是以参与式农村发展途径为指导的、以参与式农村评估为基础的工作方法。参与式农村发展途径（也常常被称为参与式途径）是指一定区域的社区内男女农民，特别是贫困农户，在发展工作者的协助下，采用适当的参与式工具和方法，分析自己、家庭、社区以及自然资源与社会经济环境的问题、需求、发展机会、制约因素和克服途径，并进而对发展活动进行规划、实施、管理和监测、评估的过程。参与式农村发展途径实际上是一种理念、指导思想、思维方式和工作思路，与其相适应的一整套工作方法紧密相连，因此，人们将参与式农村发展途径理解为包括所有以参与为导向的工作方式和工作方法。

参与式农村发展途径能够使发展活动的设计及其组成要素、实施机制，最大限度地适应目标区域和目标群体的现实条件和环境背景，满足目标群体的需求，使男女农民，特别是贫困农户在全过程参与，对发展的规划和行动产生权属感、责任感，由过去发展活动被动

的执行者、劳动力，变成分析、决策并实施自身经济和社区发展行动、实现发展目标的主人公，从而解决过去发展项目或实践在资源环境管理、社会的公平性以及项目本身的可持续性等方面普遍存在的问题，使发展活动的成果和运行机制可以长期持续。

既然参与式农民培训需求调研方法是一种参与式传播与沟通的方法，而参与式传播与沟通的方法又是参与式农村发展途径的一项具体形式，因此，它的核心应该是人力资源的开发，是角色转变，是与工作对象的平等交流、沟通与对话。农业推广人员把知情权、发言权、分析权、决策权、管理权交给当地人民，而他们是促进变化的催化剂和农村发展、变革进程的协助者。与结果相比，参与式传播沟通方法更注重过程。鼓励当地群众实际运用参与式工具和方法，在表达、分析、决策和管理的过程中，开发潜力、培养能力，互相学习、自我教育，组织起来、合作行动，承担起责任，持续发展。参与式传播沟通方法鼓励与社区发展有关的机构、人员，特别是目标群体坐在一起，互相了解和理解，通过交流、沟通，达成共识，形成发展的合力。参与式传播沟通方法的几个要素如下。

①向当地人民学习：参与式农民培训需求调研方法承认传统知识的价值和当地人民解决他们自己问题的能力。相对于社区而言，推广人员属于“外来者”，其作用是协助者，协助者不是下指示起支配地位的人，而是协助当地人民了解、分析他们自己的问题、创造相互交流和学习的环境和氛围，启动互动过程。推广人员和社区群众的合作表现为责任均担、相互信任、同心协力。

②让社区中所有的群体参与：一个社区不是同质性的人群（不同的阶层、民族、宗教、性别）。正式的领导、社区的发言人或特殊群体并不一定能代表整个社区。

③以实践为导向分享经验：外来者和当地人民一起分享他们的知识和经验，从不同角度分析问题，以便找到新的解决方案。

④试错演进、循环往复、不断进行的过程：对问题和潜力的分析

是一个不断进行的过程。这是因为,一个社区的问题和优先需求是随着阶段的演替而变化的,社区的活动和计划也应随着发生的变化而相应调整。

⑤创建社区自我管理机制:推广人员和社区群众所做的一切都是为了提高当地社区自我管理的能力。外来者作为协助者要在实地对所应用的工具进行适应性调整,并发展新的方法。

二、参与式农民培训需求调研方法的目的

1. 信息收集

利用参与式农民培训需求调研方法收集信息是一种快速有效的途径。由于参与式农民培训需求调研方法中包含了许多工具,这些工具从不同角度发挥作用,从而,使收集到的信息具有准确性和综合性。信息收集的主要途径有以下两类:

第一,调查者利用参与式农村工作方法中的各种工具开展对一手资料的收集。一手资料指的是不能在正式记录中发现而需要调查者依靠自己的调查方法所获得的信息,例如,用问题分析的方法与当地人发现的目前存在于生产生活中的主要问题以及这些问题的原因和后果。

第二,调查者通过各种渠道收集那些现有的而且比较容易获得的二手资料。二手资料指的是那些已经有记录的、由他人整理或使用过的信息资料。可能的二手资料包括书籍、文件、资料等,例如政府工作报告,各级政府制订的发展规划、会议记录等。

当然,在信息收集过程中,不要忘记二手资料的重要性。只有将一手资料与二手资料获得的信息相互验证,才能得到准确的分析结果。

2. 问题分析

在很多情况下,利用参与式农民培训需求调研方法更多的是开

展对问题的分析。这些问题所涉及的方面很广泛，可以包括资源、环境、经济、社会等许多领域。在对一个特定的社区进行分析的过程中，我们往往要面对一些纷繁复杂的互相关联的问题，采用传统的农村工作方法往往仅停留在问题的表面，而无力找出其实质进而影响科学的决策。参与式农民培训需求调研方法的主要作用就是对这些问题在平等沟通的基础上进行逻辑分析并找出合理的解决方法。

三、参与式农民培训需求调研的原则与特点

(一)参与式农民培训需求调研的原则

参与式农民培训需求调研方法提供了一系列很好的沟通工具来帮助社区，更多的是那些弱势群体，分析他们具体的困难和问题，鼓励讨论并在讨论的基础上取得解决问题的一致意见。通过这种方式，农村社区中的人们，尤其是贫困人口、妇女和儿童能够发现自己的潜力和价值。在许多情况下，这种方式可以使农村社区重新审视他们所面临的条件，从而根据所处环境找到适合当地的解决问题的方法。

参与式农民培训需求调研方法是一种方法，更是一些工具。这些工具主要表现在由当地社区创造的具有浓厚地方性的画图式表现手法。利用这些工具或手法呈现当地知识的价值，体现赋权的理念。参与式农民培训需求调研方法的几个基本原则或核心理念如下。

1. 赋权

(1)知识权　知识是一种权力。一般认为知识产生于研究的过程和结果，通过参与，达到与当地老百姓共享和被当地老百姓所承认或拥有的目的。由于参与式发展途径或者说参与式传播与沟通方法的出现；使得过去被用于计划和管理决策的这种信息的专业化垄断被瓦解，于是，产生了一种对新的关于当地人自己知识的合法性、有效性和正确性的地方信任感并得到加强。在承认乡土知识价值的基础上“外部的”知识才能够更好地在本地被吸收。

(2)知情权　知情权指当地社区群众要有知晓、了解有关社区发展方面的已经发生、正在发生和将要发生的情况的权力。不能以当地人文化水平不高,理解力不强为理由使得老百姓对相关事情一无所知。

(3)发言权　在开会讨论问题时应该邀请当地人或知情者参加。不仅参加而且要使参与者有表达自己意见和建议的机会。

(4)分析权　参与者不仅仅是信息的提供者,更重要的是应该能够鼓励他们参与到对有关信息和问题的讨论分析过程中。他们的表达也许不那么流利,但他们的观点是鲜明而独特的;他们的意见也许不像干部和技术人员那样有大局和宏观视角,但是对于局部或具体问题的解决方面有不可替代的作用。

(5)决策权　解决问题或项目活动的计划和实施的决策,不仅仅是领导者的责任,应该增加社区群众支配当地资源、分配社会利益和自主决策的权力。参与者应该在讨论分析的基础上有机会提出自己对于解决问题的意见和建议,应该提倡集体决策而不是一言堂。参与决策过程可以增加参与者的拥有感和责任感。

(6)管理权　管理权不是领导者的专利。在项目活动的实施上应该提倡集思广益和民主管理。参与者如果有机会参与管理,就会产生拥有感和责任感,对减少管理成本会有很大作用。不仅如此,在管理上集中每个人的智慧会把事情做得更出色。

我们可以把赋权理解为一个过程,也可以把它作为一个目标,让社区群众积极参与项目的决策、设计、实施和评估等所有阶段的工作。社区发展部门应该帮助社区群众分析问题,找出解决问题的方法。社区发展部门在这些活动的组织和实施过程中给他们提供指导。如果将参与式农民培训需求调研运用好,它应该是很快乐的事情。需要强调的是,千万不要图快,而要注重过程。参与式农民培训需求调研提倡民主、多样化和赋予权力等,这样可以使计划、行动的成果和影响具有可持续性。

2. 尊重

参与式农民培训需求调研方法将外来者，包括社区以外的研究者、政府干部、教师、推广工作者等，这些原来被认为传授知识的人转化为学习者和倾听者。外来者必须学会用一种新的思维方式来观察事物，他们必须完全舍弃那种恩赐或施舍的工作态度，不要发出类似于当地人那么聪明，他们能够做出他们自己的许多图表等的那种惊叹。一个很好的经验告诉大家：当你真的懂得了当地的语言、笑话或歌曲的时候，你会感觉你才开始了解当地人的文化。

参与式方法是建立在尊重当地社区群众的思维方式和信念的基础之上的。只有通过这种方式，社区发展部门才能够同项目的受益者真正合作，项目受益者才会将项目引进的新的东西真正作为一种方法去解决他们自己面临的问题，而不至于将这些方法看成是社区发展部门或政府强加给他们的行动。社区发展部门应广泛而具有创造性地运用当地所能找到的材料和表达方式来鼓励可视化的信息分享，避免将外部的表达方式和习惯强加给当地的人们。

3. 包容

通过关注过程增强敏感性；注意倾听包括穷人、老人、妇女、儿童等那些弱势群体的声音。

(二)参与式农民培训需求调研方法的特点

参与式农民培训需求调研方法有以下几个特点。

1. 参与性

当地人与外来者一起开展数据收集和分析。

2. 可视性

可视性或可视化是指所有参与式农民培训需求调研工具都是用一种透明公开的形式将讨论过程和结果明确地展示在所有参与者面前的一种工作形式，它是参与式农民培训需求调研工具的一个突出特点。可视化工具的优点如下：

①成为大家讨论问题时集中注意力的焦点；

②有利于参与，使文盲、半文盲、妇女、儿童也能参加讨论；

③简单、明了地表示复杂的事物、过程；

④消除疑虑、鼓励参与、促进有效的小组讨论；

⑤便于总结、核对、联想，激发人们对事物的思考分析。

可视性表现在语言形象化工具的使用上，它与仅用语言问答的语言化工具比较起来最主要的是改变了传统意义上的人际沟通的方式方法，两者的一些具体区别如表 2-1 所示。

表 2-1　语言工具和可视形象化工具的比较

表现方面	语言工具	可视形象化工具
调查者的目标	了解情况，获取知识	了解情况过程中启动并促进当地农民自己的分析
调查者的工作方式和角色	信息获取者	协助者和变化过程的催化剂
当地农民反应的方式和角色	“你问我答”式的回应者	讲解者、研讨者、分析者
信息交流的媒介、材料的决定者	调查者	当地农民
信息流的走向	顺序性的	逐渐积累性的
当地农民意识到调查者存在的程度	高	低
当地农民与调查者相互之间眼神的接触	高	低
信息对于其他人的可得性与持续性	低、一次性	高、具有一定的持续性
信息间核对的责任方	调查队成员之间	当地农民和调查队成员一起
信息的归属	由调查者保存	分享，可以由当地农民所有

3. 灵活性

不是一种标准化的方法，使用取决于目的、资源、技能和时间。

参与式农民培训需求调研使用了一系列方法(画图、分类、排队、打分等),相当灵活,而不死板,形象具体,而不仅仅光用语言;注重小组讨论、交流、达成共识,而不主要靠个别访谈、分析;着重定性的比较,而不是精确的度量。

4.综合性

学科交叉与团队工作。工作小组构成包括当地人和外来者,男性和女性。

5.简约性

适当的忽略、适度的欠准确。调研内容、范围不超过需要的;有比较就够的时候,不去度量。我们受过的训练是要计量出绝对数字,而实际中往往需要知道的是趋势、打分或排序结果。注重成本和时间的效率;将充分的机会用于分析和计划。

6.地方性

当地群众能够采用它的工具和方法。

7.全面性

力求全面、避免偏见,包括空间的、时间(季节)的、人的(不同社会性别、收入层次、种族、民族)、学科专业的、部门的,等等。比较集中体现灵活、深究、互动、创新。

8.系统性

为了增加有效性和可靠性,要求部分的分层取样和交叉检验。

第二节 参与式农民培训需求调研方法的应用

一、对调查者的要求

参与式农民培训需求调研方法既是一系列的开展具体活动的方法,同时也是一种理念(外来者需要向生活在社区内部的人们学习,因为社区内部的人们能够分析他们自己的问题)。在运用参与式农民培训需求调研方法的过程中,外来者通过帮助社区中的人们分析自己的情况,作出适合农户自己本身情况、解决自己问题的决策。参与式农民培训需求调研方法的总体目标是要赋予社区更多的权力,要将过去在农村人口与外来者(研究者、推广工作者和规划者)的关系推翻,建立起一种新型关系。也就是说,社区发展的设计和实施活动要由社区内的当地人控制而不是外来者。因此,要求外来者的态度要改变,要更加注重当地人们的参与;尊重社区人们的选择和意愿,对他们所知道的、所说的、展示的和所做的事情感兴趣;要耐心,不要急躁、不要打断和干扰;要谦虚、要注意倾听。

采用参与式农民培训需求调研方法,需要我们发展工作者在观念、态度和行为上发生必要的转变:由发展项目或活动的主导者变为农村社区和农户变化的协助者、服务者和催化剂。相信当地的男女农民有知识、能力和潜力,能够分析自己的问题和需求,决定行动的方案和计划,并组织起来,承担起实施、管理发展项目或行动和延续活动的责任。我们进行协助的目的,是通过帮助当地群众运用这些途径和方法,使他们能够分析自己的情况——问题、需求、资源与社会经济条件和发展机会、制约因素,提出解决的办法或方案,制订相应的计划,并采取行动。在这一过程中使他们认识到自己的潜能,对发展的计划和行动产生权属感,承担起责任,同时我们自己实现向群众的学习和行为、态度的转变。

发展工作者角色上的转变不可能在短时间内完成。而作为协助者,我们的行为和态度在任何参与式的研究或实践过程中,都会产生非常重要的影响。只有我们的行为和态度恰当,才能保证当地人们真正的参与。因此,在进行发展研究和实践中,要自觉地不断审视自己的行为和态度。具体来说,要注意以下两点:

(1)自我意识 在任何一个参与性的过程中,协助者都要自我审视和警觉自己各方面的行为和态度,并不断加以改进。

(2)从错误中学习 "失败是成功之母",我们要能够及时发现和总结在协助发展进程中犯的错误,当作一次学习机会,以便下一次做得更好。

发展工作者要做好协助者,需要有这样一些个人素质的要求,包括:开放、真诚;同情、倾听、关心穷人和弱者;灵活,有弹性;有能力协调不同意见,排解纠纷。这些素质不是天生就有的,要靠我们在实践中培养和加强。

二、主持

小组座谈或运用参与式工具讨论、分析,都需要有主持人。他/她起着十分重要的作用。要能够不带偏见,不把自己的意见强加于人,让每个人畅所欲言,帮助当地群众一起来分析他们的情况、规划相应的行动,并达成共识。在项目开始时往往由我们外来的扶贫工作者、项目人员担任这种角色,以后要逐渐由当地的农民、群众领袖人物担任,在妇女讨论时,最好由妇女担任。那么怎么才是合格的主持人呢?

1. 做合格主持人的要点

前面已经提到了农村发展工作者角色的转变——由主导者转变为协助者和主持人,协助基层农村发展的主体——农民,在协助者主持的集体讨论中,运用参与式农民培训需求调研的工具,对自身和社区的发展,进行发言、分析和决策。因此,要成为一个合格的协助者、主持人,除了在半结构访谈要点中提到的以外,还应该注意以下几点。

①能创造一个友好、平等、和睦的工作气氛:首先要说明来意或小组讨论、分析的目的,表达对他们的真诚和尊重,不要一上来就开始具体工作。这需要花费一些时间,但十分值得,十分必要。

②调动群众的积极性:能调动群众的积极性,由他们拿过笔、纸,来分析自己的问题、需求和创收的机会。要用自己的热情、耐心和鼓

励，把群众的这种潜力充分发挥出来。

③能给所有参与者以同等机会：尤其善于观察、发现，并鼓励过去不习惯在公众场合、会议上发言的人，特别是贫困农户、妇女。

④尊重参与者的意见：主持人一般不采取批评态度。好多农民，特别是贫困农户、妇女往往有自卑感，即使你心里认为他们的看法不正确、不全面，也不要去否定，给好不容易调动起来的积极性泼冷水。相信通过讨论、交流、群众自我学习、自我教育，会形成正确的意见、达成共识。

⑤保持中立立场：不偏向、不存偏见，避免做评判。也许去的村有姓氏、种族或干群之间的矛盾，我们要对此敏感，并保持中立，不偏不倚；同时善于在不同的利益群体之间进行调解，来促进决策。

⑥思维敏锐：善于提出相关问题，捕捉新的信息、观点和苗头，加深对问题的讨论、分析。保持敏感，及时体会讨论气氛，必要时变换问题的提法，甚至整个话题。

⑦善于总结归纳：把群众的发言、观点加以归纳、精练，写在大纸或卡片上，展示给大家，询问、征求意见，予以纠正、完善，达成共识。

⑧辅导协助：如果发现可以让群众自己主持、自己讨论，特别是男调研队员主持妇女小组讨论的时候，应及时让群众自己主持，自己退到后面观察，必要时做补充。

2. 主持讨论的技巧

主持讨论的技巧如表 2-2 所示。

表 2-2 主持讨论的技巧

主持讨论时应该做的	主持讨论时不应该做的
找访谈对象感觉舒服、放心的地方讨论	语气生硬、呆板、指令式
眼睛注视对方	经常对群众的意见表示怀疑、批评、责备
微笑	使用攻击性的语言
用表情表示兴趣	事先就有了自己的观点、立场
语调温柔	说话主观

续表 2-2

主持讨论时应该做的	主持讨论时不应该做的
肯定、赞扬	询问私人敏感的事情
鼓励群众多发言	不注意对方,东张西望
讨论他们关心或感兴趣的事情	高高在上,盛气凌人
找对姿势、位置,拉近和群众在空间和感情上的距离	说群众“不懂”
请男人抽烟,给妇女小孩用的铅笔	不耐心,做出不耐烦的举动
多听群众的意见,观察他们的反应	经常看表
注意语言、行为和态度,让群众感觉和你平等	喜欢给群众很多建议
给群众时间思考	喜欢提封闭、诱导性的问题
注意发现群众意见中珍贵的道理、知识和信息	不给群众适当的场合和时间开展讨论和思考
如果群众在忙,先帮他们做事后再讨论	

三、社区调查

按照传统的工作方法,决策过程往往是自上而下的,许多决定都是在没有开展深入调查的基础上做出的,这种基于信息不足而做出的决策不可避免地带有盲目性和风险性,会给社区发展工作带来很大损失。因此,越来越多的人认识到,全面地收集信息、深入地分析信息是做好任何决策的基础。

信息收集可以采用不同的方法。实践证明,与传统的调查方法相比,应用参与式农民培训需求调研可以更全面、高效地收集真实的信息。一般来说,采用参与式农民培训需求调研进行信息收集需要按以下程序进行。

1. 成立社区调研小组

社区调研小组可以分为两类，一类以社区外部的人员为主组成，另一类主要由社区内部的人员组成。以外部人员为主的信息调研小组需要吸收一部分当地人为小组成员以保持与当地社区的紧密结合。以社区内部人员为主的调研小组的组成人员应该选择那些了解社区实际情况、具备一定的沟通技能的人。

2. 准备调研提纲

社区调研小组成立后，应该着手制订调研提纲。需要注意的是，调研提纲不是问卷，而是一系列需要获得答案的问题要点或核查清单。调研提纲或核查清单的内容应该以一般性表述而不是问题的形式列出，它的主要作用是指导调查过程，提醒调研人员逻辑性地展开调查，避免遗漏重要信息。

3. 制订调研计划

调研计划一般应该包括几个部分：调研目的、时间安排、调查路线、调查对象选择、工具与材料的准备、交通与后勤安排。

4. 分解调研内容

确定调研内容实际上是制订调研计划过程中的一项重要任务。调研内容视调研目的而定。一般来说，一个调研目的包含的调研内容往往很多，而且需要在相对较短的时间内完成。因此，需要对调研内容按类别进行分解，由单一的小组成员或由两人以上的分小组承担并明确每类调研内容及任务量（包括确定调研对象的种类和数量，落实分解后的调研提纲）、使用的调研方法与工具、预期产出（图、表、文字描述等）、完成时间。

5. 实地调研

社区调研小组按照预先制订的调研提纲和调研计划展开实际的调研工作。在实际的调研工作中，需要注意：不要为了使用调研工具而调研，调研方法与工具的使用应该严格服从于调研内容；同时，为了清晰、准确地获得某类信息，也可以灵活地将某几种调研工具联合使用。

6. 总结调研结果

(1)小组成员每日反馈　每天的工作结束后，调研小组成员相互交换收集到的信息，对调查过程中所用的工具及所调查的内容进行必要的讨论、核对与补充。信息的交换与核查应以调研提纲或核查清单为准。当发现有些任务没有完成时，可以加入到第二天需要完成的工作任务中。以这种形式小组成员也为第二天的工作做好准备。

(2)调研结果汇总　在调研实施结束后，调研小组需要对所有调研结果按一定格式进行汇总(表 2-3)。

表 2-3　调研结果汇总表

调研提纲中的题目	调查结果	问题	机会	解决方法
1				
2				
3				
4				
⋮				

(3)回访与核实　最好将汇总结果展示给调研对象或社区群众。建议将汇总表简明扼要地誊写在大纸上以便于展示。让村民自由地对汇报结果提出他们的看法，并决定是否修改汇报结果或补充信息。

四、三角法则

三角法则是一种交叉验证定性信息的方法，通过对某类相同问题以不同方式收集信息来确定其准确性。可以通过应用多学科工作小组收集信息，应用不同的工具来收集和分析信息，通过从不同的信源来收集对某一问题的信息等。总之，应用不同的方法、信息来源和学科，选择一系列的地方和一系列的信息范围，并且相互核对、验证，从而通过前后联系的比较，取得更为接近实际的发现和结论。上述三角法则可以用图 2-1 来表示。

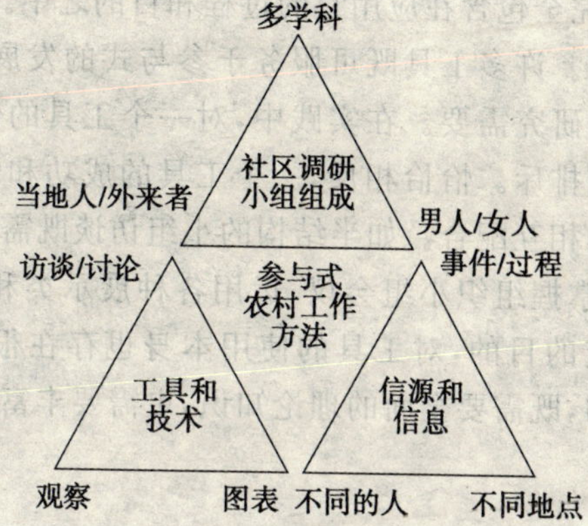

图 2-1　三角法则示意图

在应用参与式农民培训需求调研方法的时候需要进行连续的分析、判断核实，不断缩小问题焦点，建构理解框架，积累知识，如图 2-2 所示。

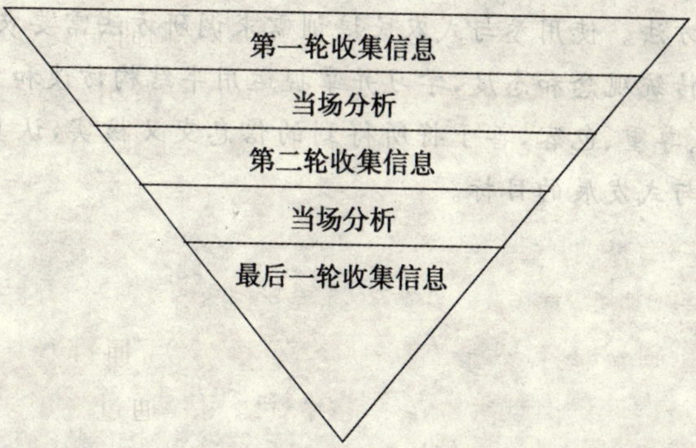

图 2-2　应用参与式农民培训需求调研方法进行最终分析

参与式方法与工具是服务于参与式发展或应用参与式发展途径这一目的的具体技术。顾名思义,作为方法和工具本身,应用它并不是目的,其意义完全包含在应用它的过程和目的之中。因而,工具本身是完全客观的。许多工具既可服务于参与式的发展项目,也可用于其他的调查和研究需要。在实践中,对一个工具的使用并不意味着对其他工具的排斥。恰恰相反,一个工具的成功和恰当运用往往需要多个工具的相互配合。如半结构的小组访谈既需要掌握访谈技巧,又要运用和掌握组织小组会议、运用各种展示类和分析类技术。为达成一个预定的目的,对工具的使用本身也存在很大的灵活性。如何掌握这一切,既需要全面的理论知识,更需要丰富的实践经验。

小结

参与式农民培训需求调研方法是以参与式农村发展途径为指导的、以参与式农村评估为基础的农村工作方法。这种方法承认当地农民和当地乡土知识的价值,尊重当地人的意愿,应用一整套可视化的参与式工具与当地人进行沟通,在农村社区的人们特别是农村中贫困农民和妇女的参与下,发现其面临的问题并与社区一起寻求适合的解决方法。使用参与式农民培训需求调研方法需要农村发展工作者改变传统观念和态度,学习并掌握运用半结构访谈和主持技能,做到赋权、尊重、包容,善于将所得到的信息交叉核实,认真分析,才能实现参与式发展的目标。

第三章　农民培训需求调研的步骤和分析方法

第一节　农民培训需求调研的步骤

农民培训需求分析包括培训需求调查和调查资料的汇总（分析），为制订农民培训计划打下良好的基础。农民培训需求调研的基本阶段与步骤如图 3-1 所示。

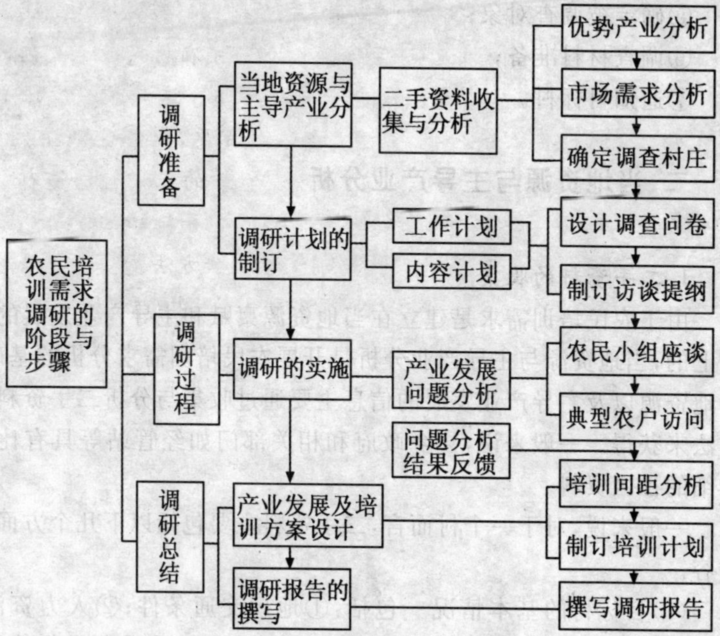

图 3-1　农民培训需求调研的基本阶段与步骤

从图 3-1 可以看出，农民培训需求调查和培训需求分析实际上是在分析的基础上开展调查，在调查的基础上进行分析的过程。

一、调研准备

调研的准备指调研者开始计划并着手进行调研的准备工作。调研的准备主要包括以下几个方面的工作：

①参加调研人员的组成；

②调查区域范围的确定；

③制订调查计划（时间、内容、方法工具等）；

④二手资料的收集与分析；

⑤确定被调查对象；

⑥调查材料准备；

⑦通知目标村。

二、当地资源与主导产业分析

1. 二手资料的收集

由于农民培训需求是建立在当地资源禀赋和主导产业发展的基础上的，当地资源与主导产业分析是开展农民培训需求分析的基础。当地资源以及主导产业发展的信息主要通过收集与分析二手资料的方法来获得。一般来说，县乡政府和相关部门如经管站等具有比较详细的社区资料。

一般来说，对于一个村而言，二手资料主要包括以下几个方面的内容。

（1）目标村的基本情况　包括：①地理交通条件；②人力资源；③土地资源；④产业结构；⑤人均收入及主要来源；⑥乡村组织建设。

（2）种植业基本结构和收益状况

(3)养殖业基本结构和收益状况

(4)农业生产资料供销情况

(5)农牧产品市场营销情况

(6)农业推广与培训状况

(7)乡村发展规划

2.二手资料的分析

(1)主导产业分析　在我国大部分农村,每个村都有当地的自然资源和农民长期以来习惯性的生产活动。一些地方在当地政府的领导和支持下也发展了有本村特色的支柱产业。在开始培训需求调查之前,需要对当地自然资源和支柱产业进行综合分析。具体做法是:将本乡所有的村庄根据现有产业布局进行分类,注意不是人为的安排,而是正视现有的自然分布。在分类的基础上明确区域发展规划。如果这种发展规划已经存在,需要对已有的规划进行重新确认和核实。现以图 3-2 所示为例进行说明。

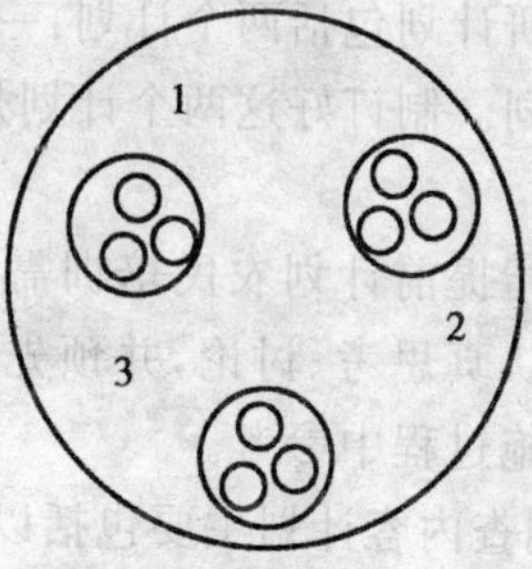

图 3-2　农民培训需求调查与分析中的产业区划分析

在图 3-2 中,假设最外的大圈是乡镇,3 个中圈是这个乡镇所包括的 3 个行政村,每个行政村中又包括了 3 个自然村。如果行政村 1 是以苹果生产为主,行政村 2 是以养羊为主,行政村 3 是以发展药材为主,那么,这个乡就可以分为 3 个主要的产业。当然,在实际情况下,也许 2 个或 3 个村适合发展一个产业,或者已经具备了某种规模，这个特征就是区别于其他几个村的基本特征。

(2)市场需求分析　市场需求分析主要指当时的市场供需关系的分析。根据所掌握的市场信息，了解什么赚钱什么不赚钱；什么过去赚钱，现在价格下跌；什么产品虽然目前一般化，但从长远看有发展趋势。在进行市场分析时，一定要通过多种渠道，在尽可能多地掌握市场信息的基础上，对本村现有发展规划进行综合分析。

(3)确定调查村庄　在结束产业和市场分析之后，做到对目前本乡应该发展的产业基本心中有数。在此基础上，选择有代表性的自然村作为调查地点。在调查过程中，可能需要选择有不同自然环境和产业特点的自然村开展需求调查，然后才能分别整合为行政村的结果。具体调查的村庄数要视具体情况而定。

三、调研计划的制订

农民培训需求调研计划包括两个计划：一个是调研内容计划；另外一个是调研工作计划。制订好这两个计划是调研成功的保证。

1. 调研内容计划

调研内容计划是指提前计划农民培训需求调研所涉及的内容，对于这些内容要提前认真思考、讨论，并预先以图表的形式写出来，以便调查者在调查实施过程中参考。

(1)调研内容　调查内容计划主要包括以下几个方面：

①被调查者的基本信息；

②产业结构；

③主导产业生产现状；

④推广培训现状；

⑤农资购销；

⑥产品销售；

⑦引进的关键技术；

⑧问题；

⑨建议。

(2)设计调查问卷　根据问卷设计的原则和要求结合当地具体情况设计问卷。问卷要力求简单明确，避免有争议的问题。

(3)制订访谈提纲　访谈提纲与问卷不同，它是在与农户座谈时提醒访谈者的大纲，是具体问题的综合。农民培训需求访谈提纲一般应该包括以下几个主要内容：

①农户基本情况；

②从事的主要农事活动；

③收入的主要来源；

④家庭收入和支出情况；

⑤生产生活中存在的问题；

⑥过去解决问题的方法；

⑦存在哪些不能解决的问题和困难；

⑧可能解决的途径；

⑨通过培训可能解决的问题；

⑩通过培训不能解决的问题。

2.调研工作计划

调研工作计划是如何开展调研的想法与工作安排。调研工作计划是给调查者自己做的计划，也是需要主管领导审批的计划。调研工作计划包括以下几个方面的内容：

①调查目标；

②调查地点；

③调查时间；

④调查的组织；

⑤调查方法；

⑥调查人员(调查者包括相关领导、技术人员数量、岗位要求；被调查者包括干部组、主导产业组、综合组，或者分为男农民组和女农

民组两类)；

⑦调查所需的物资；

⑧调查经费预算。

四、调研计划的实施

1. 产业发展问题分析

农民培训需求调研实际上是对社区产业发展问题的调查和分析过程。只有了解了社区在产业发展中的问题,才能真正了解农民实际需求。只有了解农民的实际需求,才能发现农民的培训需求。产业发展问题主要通过农民小组座谈和典型农户访问来了解。

(1)与社区农民的讨论

①典型农户访问:在小组访谈的基础上对农户进行随机抽样,选择比较有代表性的农户进一步核实讨论会上农民的一些意见,为培训需求分析做准备。也可以有意识地对不同农户开展访谈,例如性别、文化程度和贫富经济状况等不同农户,这样访谈结果会更客观、更有针对性和可操作性。

②农民小组座谈:将挨在一起居住的几家农户临时组成一个讨论小组,一般 10 个人左右。可以是男女农民分开,也可以混合,在附近的院落里开展培训需求分析研讨会。这个会需要应用可视化的方法,便于信息透明和农民参与。一般用大白纸和记号笔。会议由主持人主持。将大白纸贴在墙上,将农民发表的意见写在上面。字要写得足以使农民能看见。

在农民小组座谈会上主要开展问题分析。问题分析的具体做法如下。

• 将预先准备好的卡片发给每个人一张,在不商量的情况下写出自己认为的主要问题;

• 主持人收集每个人的意见,确定主要问题;

- 在主要问题中确定中心问题；
- 分析中心问题的原因；
- 找出中心问题的后果；
- 分析主要可能的解决方案；
- 通过投票方式确定符合农民意愿的培训项目；
- 针对具体项目开展技能间距分析。

注意在农民意见不一致的情况下可以采取打分排序的方法。可以让农民在白纸上针对不同项目打分，也可以用投玉米粒或豆粒的方法做最后的集体决策。

（2）访问后的分析 在与社区农民进行产业发展问题分析之后，推广人员将可视化材料带回办公室。调查人员首先需要对这些材料进行整理归纳总结，形成文字资料。然后，根据这些资料，组织相关人员包括部门领导、技术专家等进行系统分析，形成可视化的分析结果。

2. 问题分析结果反馈

这里的问题分析结果是将通过培训可以解决的问题与通过培训不能解决的问题分开。通过培训可以解决的问题一定是目标行为表现与目前行为表现比较之后的结果。当调查者完成在办公室的分析之后，调查者需要将整理后的调查结果用可视化的方式表示出来，例如写在大白纸上，带到所调查的村庄与社区的农民见面，进行核实性的反馈。在与农民见面讨论后，当场对不属实的信息进行必要的修改。当农民对所得结果认可之后，社区调查才算基本完成。

五、产业发展及培训方案设计

1. 培训间距分析

准确地进行培训间距分析是制订培训计划、确定培训内容的关键。培训间距分析分为广义和狭义两种。广义的培训间距分析指根据产业发展问题分析的结果确定一年以上长期培训计划的过程（多期培训班的内容)。狭义的培训间距分析指在多期培训计划基础上确定单期培训班计划的过程,也指在确定短期培训题目和内容之后,分析在某个特定题目下农民知道什么,不知道什么的过程(单期培训班的内容)。有些农民虽然了解,但可能离标准要求还有差距。培训间距分析的产出是课程计划的基础(单节课程内容)。

2. 制订培训计划

将农户小组座谈会和农户访谈结果汇总,结合调查者的判断(其实,调查者在调查过程中已经将自己的意见与农户开展了讨论),确定培训的项目或培训领域。如前所述,培训计划包括以下 3 种:

①长期培训计划(多期培训班);

②短期培训计划(单期培训班);

③培训课程计划。

六、调研报告

当调查者完成上述步骤之后,将调查和分析的材料整理成报告,呈交上级主管部门。

第二节　农民培训需求分析的方法

培训需求分析一般分为 5 个阶段:培训问题分析、培训对象分析、生计活动分析、知识技能分析和培训间距分析。培训需求分析的 5 个阶段是按实际操作顺序排列的,因此,也可以看作培训需求分析的 5 个基本步骤,如图 3-3 所示。

一、培训问题分析

如果要改变培训的盲目性,做到有计划的培训,培训者或培训管

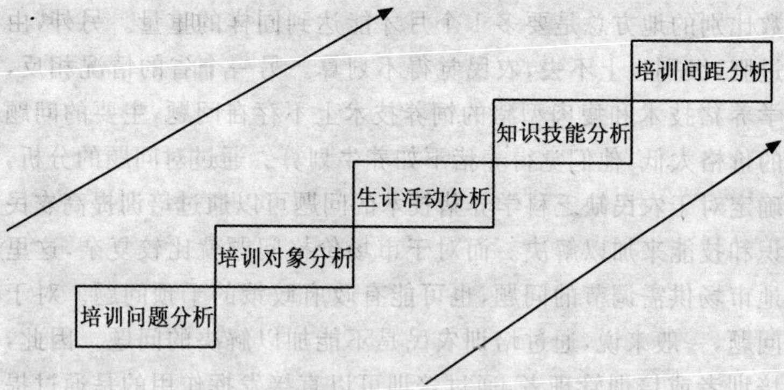

图 3-3 培训需求分析的 5 个阶段

理者就应该首先对组织内部所存在的问题、机会和潜力进行调查、识别和分析。首先是对问题的开始意识和注意,然后鉴别问题的症状,接下来分析造成症状的原因,最后确定问题并检测需求。问题分析的第二阶段是要找出相应的解决办法。首先要找出多项可能的解决方案。接下来对各种方案进行可行性评估,逐一分析它们各自对问题解决所能发挥作用的程度,在此基础上选择出最佳方案。这是一个一般意义上发现问题、找出解决问题方法的一般程序。在问题分析结束以后,培训者和培训管理者就能够明确两类问题:一类是通过培训所能解决的问题;另一类是不能通过培训解决的问题。在明确这两类问题之后,将不能通过培训解决的问题交给领导另行考虑处理;将能够通过培训解决的问题留下,进行进一步的分析。

例如:在一次实地调查研究中,技术员发现农民养猪的数量和出栏数很低。技术员首先注意到这是一个问题。为什么呢?因为猪的总头数和出栏数直接影响有机肥的供应量和农民的收入。在这里,技术员意识到这一问题,此问题的症状是农民养猪的总头数和出栏数。那么造成这种症状的原因是什么呢?通过对两个省的农户访谈发现,其中一个省的农民反映他们不懂得科学养猪的技术,所以出栏天数比别的地方总是要多1个月才能达到同样的重量。另外,由于猪过肥,级别也上不去,农民觉得不划算。另一个省的情况相反,在科学养猪技术和瘦肉型猪的饲养技术上不存在问题,主要的问题是猪的价格太低,他们觉得养猪不如养牛划算。通过对问题的分析,可以确定对于农民缺乏科学养猪技术的问题可以通过培训提高农民的知识和技能来加以解决。而对于市场价格问题就比较复杂,这里有当地市场供需调节的问题,也可能有政府政策的干预问题。对于市场问题,一般来说,通过培训农民是不能加以解决的问题。因此,作为培训者或培训管理者,通过培训可以直接发挥作用的是通过提高农民科学养猪的技术,从而提高农民的积极性来加以解决;而由于市场价格的降低影响农民养猪积极性的问题,通过培训来解决实际上无能为力,因此,最好的办法是将此问题反映给相关政府部门,希望通过政策调节或市场调查来解决。

二、培训对象分析

培训问题确定之后,要开展对于培训对象的分析。培训对象的分析是要解决谁需要培训的问题。一般来说,进行农民培训,不是对所有的农民进行培训,所以要对培训对象进行细化和分割,找准培训对象,做到培训对象的针对性。

从上述的案例中知道,培训对象是农民,是养猪的农民,是那些在当地缺乏科学养猪技术的农民。这时候所需要确定的问题是本地区有多少这类农民。如果是几户农民或几十户农民,通过直接培训的方式就可以顺利解决。但是,需要指出的是,这类农民的文化程度如何,他们对工作的熟练程度怎样,这些是对农民进一步分类的基础。如果农民的文化程度相差很多,最好将他们分成若干不同的小组进行培训。

如果此类农民的数量比较多,要提高农民的科学养猪技术就需要考虑当地的其他技术支持系统的作用问题。例如,当地农民的技术知识一般从哪里获得？是否有专业技术员来负责对农民的信息提供和技术咨询工作？农民为什么不能得到他们所需要的信息？调查之后如果发现没有技术人员来做这类工作，在考虑对农民进行培训的同时，应该向有关部门提出配备一定技术力量的建议；如果是当地技术员的知识水平不能满足农民需要的话，这时培训者和培训管理者需要考虑要进行培训者培训的问题；如果是有技术人员，但是由于不能满足基本的工作、生活条件和基本待遇或几个月发不出工资，而不能使技术人员发挥应有作用的话，就不要考虑对技术人员进行培训的问题，因为这些问题是不能通过培训解决的。

三、生计活动分析

生计活动分析是探讨社区内人口在生产生活安排、经营管理、自然资源与社会资源分配等方面从事的活动及相互关系。对生计活动的分析是开展社区问题分析和解决方案的重要组成部分。社区生计活动分析主要使用的工具包括季节历和每日活动图。

生计活动分析是从农民所要从事的主要生计活动入手来对培训需求进行分析的一种方法，可以有助于确定培训的重要领域和培训的内容。进行生计活动分析如同一般任务分析一样，应从工作岗位描述开始。工作任务主要包括培训对象的工作、责任和任务。生计分析的主要步骤是：

- 列出主要工作任务；
- 将任务分解；
- 确定各项任务的发生频率和重要性程度。

将以上的条目列成表格，如表 3-1 所示。

说明：

在发生频率一栏中，可以选择：①极少；②有时；③几天；④几个星期；⑤几个月。

在重要性一栏中,可以选择:①不重要;②不太重要;③非常重要。

表 3-1　任务分析表

任务名称:			
任务分解	发生频率	重要性	综合总结
1			
2			
3			

生计分析可以用不同方法进行。例如,上述表格可以先交给培训调查对象自己填写,然后培训者和培训管理者进行访问核实;也可以在访谈中由培训者或培训管理者与调查对象一起填写。具体到上述的科学养猪的培训事例来说,在任务名称中可以填写"喂猪"两个字。但是在任务分解中就要将喂猪的几个基本环节细化,例如,从大的方面可以分为猪舍的建设、品种选择、人工授精、饲料配比、饲喂方法、疾病防治等许多方面,每个方面都可以作为一个单项任务加以细化,然后根据经验写出发生频率和重要性的程度。

四、知识技能分析

在进行任务分析的基础上要开展知识技能的分析。知识与技能分析的目的是为确定具体的培训内容做准备。具体步骤是:

- 列出主要细化任务的条目;
- 针对每项任务逐条列出完成此项任务应该具备的知识和技能标准。

例如,一个工作在蔬菜站的技术员的具体任务是蔬菜种子生产管理。在这一工作任务下,这个技术员所应该具备的知识和技能是什么呢?这些知识和技能可能包括:

①鉴别不同蔬菜品种特征的知识;

②种子质量检测的知识；

③种子的生产、收获和储存方面的知识；

④与菜农沟通的技能。

一般来说，完成某项任务所应该具备的知识和技能主要是通过查阅有关文献、与专家和领导座谈来确定的，这是衡量合格专业劳动者的业务标准。

五、培训间距分析

通过对培训对象的工作任务分析和知识技能分析，实际上已经了解了某项工作任务的重要性和所要求的标准，在此基础上，所要做的工作还有两项：一是培训对象实际掌握的知识与技能的程度；二是在培训对象所在的群体中先进工作者的知识与技能水平。因为用标准的知识与技能减去实际的知识与技能就是知识与技能间距，这种间距可以直接翻译成培训间距。除此之外，还有另外一种培训间距，那就是先进工作者的知识与技能水平和一般工作者的知识和技能水平的差值，这是另一层次上的培训间距。在实际工作中，后者比前者更有实践操作意义。先进工作者水平和一般工作者水平一般需要培训者和培训管理者通过实际调查、观察、访问等方式来获得。培训间距的分析步骤如表3-2所示。

表3-2　培训间距的分析步骤

步骤	说明
①列出应该包括在培训内容中的所有任务	①从任务分析结果中列出相应的内容
②确定完成任务所应该具备的标准（包括知识与技能标准）	②确定完成任务所需要的条件、设备、知识与技能
③先进工作者目前所具备的知识与技能水平	③确定目前培训对象所在群体中的先进工作者水平

续表 3-2

步骤	说明
④培训对象目前所具备的知识与技能水平	④确定培训对象实际的状况和水平
⑤确定间距	⑤检查培训对象应该做到和实际做到之间的间距
⑥确定所发现的间距是否是培训间距	⑥不是所有发现的间距都可以通过培训得到弥补。如果发现不是通过培训所能解决的问题，没有必要浪费时间和资源

总结起来，如果将培训需求分析的 5 个步骤细化，可以得出如图 3-4 所示的图解。

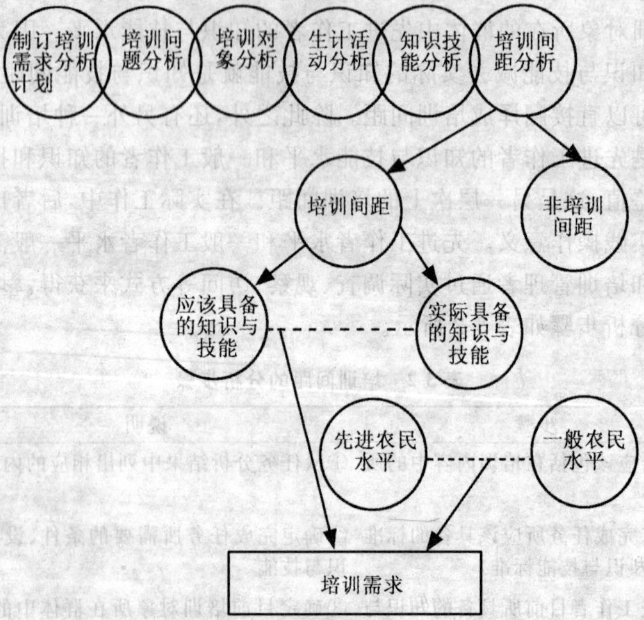

图 3-4　培训需求分析步骤

第三节　农民培训需求分析的技能

培训需求分析最终结果的表现形式，是在明确知识与技能间距的基础上确定培训题目。

为了做好培训需求分析的工作，不走过场，除去明确培训需求分析步骤之外，培训者和培训管理者还应掌握一些必要的技能，这些技能是有效进行培训需求分析的保证。培训需求分析的技能包括：问卷、访谈和观察。

一、问卷

问卷是调查者对于大规模样本量进行信息收集的一种手段。一般是由调查者首先花一些时间对问卷进行设计，然后将设计好的问卷邮寄给被调查对象，希望被调查者认真填好问卷中的每一个问题之后再寄回调查者。当调查者接到寄回的问卷之后进行必要的统计整理，得出一些培训需求的必要信息。

培训需求分析问卷的设计包括 3 个方面的内容：组织机构方面（如组织名称、工作人数量、主要活动、培训情况等）；个人情况方面（如年龄、性别、受教育程度、接受过的培训、经历、工资等）；个人培训需求方面（例如现有知识、技能和态度，工作所需要的知识、技能和态度，现有的差距和个人认为存在的问题等）。

1.设计问卷的步骤

①决定你想了解什么；

②选择问卷的回答方式（如描述、打勾，或填写重要性先后顺序 1、2、3、4、5）；

③确定调查对象的背景；

④写出需要回答的问题；

⑤对问卷进行前测试。

2.问卷的问题形式

问卷中的问题一般分为两种形式:“封闭式的”或控制答案型;“开放式的”或自由解释答案型。

封闭式的问题一般要求回答是或不是,通常是限于核实事实性质的。例如,“牛的散养要比拴养好,你认为对吗?”。这就是说如果由一组人来回答的话,所得到的答案很容易加以比较,统计结论就能够从答案中得出。可是,它缺乏灵活性,回答者有可能误解或误答。

封闭式问题最好用于获取那些对目前情况而言反应基本事实的信息。

开放式问题一般不能通过是或不是来回答,往往需要被调查者进行一些阐述。例如,“你认为在养猪技术上存在哪些问题?”因此,开放式问卷最好用于获取被调查者容易解释或描述的事件。因为每个回答者可能回答方式不同,这种问卷最好限制需要深入解释的问题数量,否则整理归纳起来将是很困难的。

在问卷中决定使用哪种问题或问题的多少主要取决于内容的需要以及对调查对象的熟悉程度。

3.问卷调查的优点

①虽然在设计问卷时需要较长时间,但一经设计完毕,便可以在短时间内进行大量信息收集,而且比较经济;

②如果问卷设计得好,问题前后一致,分析起来便比较容易;

③因为被调查对象可以不署名,所以所做的回答可以做到相对公正可靠。

4.问卷调查的缺点

①取样困难。因为调查不可能涉及每一个人,必须要取样,但要选取具有代表性的样本比较困难;

②问卷发出后收集率比较低,一般只有40%～50%的回收率;

③不同的人对同样的问题往往有不同的理解和反应,在这种情

况下，又不能与调查者进行交流，因此容易出现一些误解；

④问题常常需要观点的表达而不是事实的陈述，所以对一些问题所收集的数据资料往往还需要进一步证实。

5.采用问卷调查需要遵循的原则

①准确确定人口数量；

②尽可能选择有代表性的样本；

③在设计问卷之前应该明确调查目标；

④向被调查者解释清楚调查的目的和意义；

⑤将每一个问题阐述清楚，包括为什么要问这类问题，应该怎样报告这类信息等；

⑥提出的问题前后具有逻辑性；

⑦避免导向性的问题；

⑧避免将问题描述得模棱两可；

⑨问卷在大批量下发前，最好在小范围样本内测试应用一下；

⑩如果邮寄的话，应该附信并为对方预付寄回的邮费；

⑪需要经过培训并富有经验的人进行问卷的整理；

⑫在统计报告结果时要具有统计说理性；

⑬在表示众多数据时应尽可能用图示和表格。

二、访谈

访谈是调查者与调查对象之间以提问、回答和讨论的形式，通过面对面直接的交流来进行信息收集的方式。

访谈可分为3类：结构化访谈、半结构化访谈和非结构化访谈。

1.结构化访谈

结构化访谈是指访谈之前将所要提出的每个问题计划好，采访时将对这些问题的回答记录下来。通常要求被采访者谈他个人及其工作的基本情况数字，及对一些简单问题回答“是”或“不是”。

结构化访谈的优点是：

①易于数量化和定性类信息的收集；

②对问题的解答容易比较；

③很容易得出统计结论。

结构化访谈的缺点是：

①所提的问题可能被不同的采访对象曲解；

②因为采访中没有必要的解释和讨论，往往不能记录下被采访者回答的理由；

③采访对象也可能只按照采访者问题思路回答问题而放弃其真实思想。

2. 半结构化访谈

半结构化访谈是仅计划出采访的问题领域，对有针对性的、关键性的问题进行具体准备，在采访中将这些问题作为题目提出来进行讨论。这样使被采访者有机会表达和解释自己的感觉和意见，能够在特定采访范围和内容里实现信息收集的目的。

3. 非结构化访谈

这种采访是在不设定问题框架的前提下让被采访人员自由谈论其工作和任务，从中得到相应信息的调查方法。这是了解被采访人员思想的最理想形式。采访者的主要作用就是给被采访者最大机会来自由发表意见。当然同时也应注意引导，使讨论与调查内容的总体范围相一致。

采访者在非结构化访谈之后应立即写出讨论情况，以便使所谈及的各个方面的问题能够得到全面记录。

在进行培训需求分析时提倡使用半结构化访谈或非结构化访谈的形式，因为这样便于与被访问者进行交流。

上述 3 类采访在实践中往往相互交叉融合，甚至一起运用在某一次访谈中。

4.访谈时应遵循的原则

为了保证访谈结果准确且具有说服力，访谈者应遵循以下原则：

①要提前通知被采访者，说明来访的目的，还应该说明为什么需要他参与以及他发表意见的方式。

②选择合适的采访地点，根据采访内容的不同可确定在被采访者工作地点或远离其工作地点的地方采访。前者可使采访者对被采访者的工作环境和工作情况等加强了解，后者可使被采访者自由发表意见而不至于受到其他因素干扰。

③避免采访中提出诱导性问题，即暗示自己答案的问题。

④在半结构化和非结构化采访中应从一般问题开始谈起，再进入具体或敏感问题的讨论。

⑤建立采访者与被采访者在采访期间的亲切信任关系，因为这种关系可以决定被采访人的意见和愿望的表述程度。

⑥注意对采访过程进行控制。除去非结构性采访外，采访者应谨慎而周密地引导采访活动向预期的方向发展，同时注意适时结束采访。

⑦进行全面和及时的记录、整理和分析。

另外，需要指出的是，关于采访对象的选择一定要做到客观、全面。有时候，当采访农业技术员时一切都没有问题，技术人员认为自己做得特别好，在技术咨询以及提供的服务方面非常出色。如果结束采访，所得到的结论可能是不需要任何培训，但是，如果继续采访农民，农民可能会反映一大堆问题，这些问题往往反映在技术人员的工作中。这说明有时技术人员对所存在的问题并没有意识到或者不愿意暴露问题。因此，在进行培训需求分析的时候，不要仅凭被采访者的回答就轻易下结论，不要问诸如这类问题："你有什么培训需求？"要善于提问，善于访谈，善于分析和总结。

三、观察

1.观察的含义

观察是指调查者对调查对象及其相关行为、环境的一种感觉性、直观性的检查，一般不需要找人谈话，讨论问题，只是通过眼睛的直接观察所得到的主观印象，产生对客观现象的体会和判断。

对于培训专家来说，观察不仅是有价值的，而且是一项重要的技能，因为它是培训需求分析的重要工具。

2.观察的步骤

(1)准备　当准备观察某个人正在进行的工作或任务时，在观察之前首先要与被调查者讨论工作任务的内容和结果，提前了解想要知道的东西，将要发生什么、怎样发生、要用多长时间，等等。

(2)操作　要求被调查者放慢及重复操作动作，注意提问要在操作动作完成后进行。

(3)重复操作　要求被调查者将此项操作以正常速度重复一遍。

(4)比较　比较是为了确定不同的人在时间和速度上的相似和相同之处。如果有可能，观察不同的人做相同工作的情况，让不同被调查者解释他们正在做的事情，以及他们怎么学会的，在方法上的最大不同点在哪里，必要时可以组织小组讨论以解释这些不同点。

(5)自己实际操作

(6)汇总　最后，将所观察到的步骤和方法记录汇总，与通过采访和问卷所收集到的信息加以比较，得出最终结论。

在对农民或技术员的技术水平进行观察时，一般不需要做专门表演。例如，为了了解饲养奶牛的农民的挤奶技术，培训者只要在他们给牛挤奶的时候站在旁边观看就可以了，这样得到的结果往往更加真实可靠。

如果你是一个专业技术人员或者专业技术的培训专家，你会感觉到观察是最好的、最简便的调查方法。

小结

农民培训需求调研的步骤可以简单分为调研准备、调研过程和调研总结3个阶段。调研准备主要是通过二手资料的收集进行当地资源与主导产业分析、调研工作计划和调研内容计划两个计划的制订；调研过程为调研计划的实施过程，包括产业发展问题分析和问题分析结果反馈；调研总结包括产业发展及培训方案设计和调研报告的撰写。农民培训需求分析分为5个阶段，主要包括培训问题分析、培训对象分析、生计活动分析、知识技能分析和培训间距分析。农民培训需求分析的技能包括问卷、访谈和观察。

第四章　农民培训需求分析的工具

第一节　社区现状分析

社区发展是一个包括社会、经济、生态等在内的综合发展目标。明确社区资源禀赋和其他与发展相关的正面和负面条件是计划和开展社区发展活动的基础。社区现状分析的技能能够帮助人们通过讨论深入了解本社区的现状及发展历程，分析有效利用资源的途径。

一、社区资源分析

社区资源分析是对社区范围内与生计相关的所有资源包括社会、经济和自然资源进行描述，分析其特点和相互关系，探讨可能的发展机会的过程。使用的工具包括社区图、资源图、土地利用剖面图。

(一)社区图

根据当地的社会、文化特点，可以尝试采用画社区图的方法，对农户进行公开、透明的分类，从而体会当地不同姓氏、宗族、贫富程度和其他社会文化背景的群体对事物看法的差异性。从参与式的角度来讲，绘图为参与者提供了一个进一步认识其所在社区的过程，并使他们获得充分交流的机会。一幅社区图的完成不仅是当地人能力的表达，也是对社区及自身的潜力进一步认识，并增强有关发展信心的过程。

社区图对社区状况的表达直观、生动，用自己所熟悉的方式表示熟悉的事物，会有助于调动参与的热情。在画图过程中，参与者根据自己的知识和经验畅所欲言，所得的信息在准确度及代表性方面要优于常规的统计数字。

社区图一般含有关于基础设施、居住区和重要标志性建筑等信息；标有家庭住户，并含有相关的具体信息，如：文化程度、营养状况、疾病分布、五保户、儿童数量、妇女为户主的家庭等。

1. 目的

①了解、分析社区的总体情况、特点以及存在的问题；

②研究一个社区（村、组）内的人口和社会经济要素的分布；

③本社区村、组和农户之间的类型划分；

④根据社区图，在后续讨论中进一步分析农户分化的原因和发展机会；

⑤活跃气氛并为进一步的讨论打下基础。

2. 工具与材料

大纸、彩色笔或就地取材（谷粒、石块等）。

3. 步骤

①将一张 1 开的牛皮纸或大白纸用图钉钉在展示板上，也可贴在墙上或铺在桌子上；

②在纸的上方写上某县某乡（镇）某村社区图并标注方向（可按当地人的习惯标注）；

③勾画出村轮廓；

④标出有特征的建筑和地理特征，如村委会、学校、公路或河流等；

⑤在图上标出需要了解的信息及用什么符号表达这些信息（例如：学校、卫生站、商店、兽医、五保户、残疾户、儿童等）；

⑥将一些社区内的基本情况如户数、人口、劳力、男女比例、儿童数量、学生数量等以文字形式写在空白处；

⑦制作图例以及注明制图日期、制图人姓名、地点。

4. 注意事项

①绘制社区图一般以小组形式完成；

②由一人执笔，其他人予以补充，共同参与到这一过程中，使所反映出的社区状况更加真实准确；

③最好先用铅笔在大纸上勾画出轮廓，修改确定后才用粗笔勾画；

④可以按照自身习惯的方位画图，最后标出方向；

⑤在画图过程中参与者之间可以进行简单的讨论；

⑥必要时可以将男女分为两组分别绘制，使不同性别对社区的观察和了解上的差异得到表达，并形成相互间的补充；

⑦在画的过程中，不断征询其他参加人的意见，加以核实并确定；

⑧不必强求图的精确性，而更加注重信息的真实性和完整性。

(二)资源图

除具有社区图同样的作用之外，在公开讨论的环境中制作资源图可以有助于进一步认识社区发展中所涉及的各种资源(自然资源、社会资源等)的分布及利用现状，共同判断社区资源利用中存在的问题，寻找发展的资源潜力，确定资源的合理利用方案。资源图应该表明资源的分布以及社区或其他利益群体是如何利用这些资源的。

在绘制资源图时，需在图上反映出社区内以及与其直接相关的外部环境中的一些信息，并在绘图过程中进行一些与资源现状、利用等情况相关的讨论。

1.目的

①描述一定区域(县、乡、村、组)内的自然资源、基础设施分布；

②研究村与村之间、组与组之间、户与户之间资源禀赋的差别；

③了解社区资源利用现状，寻找社区资源利用中存在的问题及发展的资源潜力，确定资源的合理利用方案；

④分析当地存在的问题、所能获得的条件(包括内部和外部)和发展机会。

2.工具与材料

大纸、彩色笔或就地取材(树叶、谷粒等)。

3. 步骤

①将一张1开的牛皮纸或大白纸用图钉钉在展示板上，也可贴在墙上或铺在桌子上。

②在纸的上方写上某县某乡(镇)某村资源图并标注方向(可按当地人的习惯标注)。

③绘出主要的地形地貌，如山脉(峰、坡、谷等)山势走向、海拔、坡度、沙漠等；同时标明基本的自然资源，包括水、矿产、野生动物等。

④绘出基础设施和地物信息，如道路及走向、房屋及类型、水源和电力设施、社区内组织机构的位置(村委会、学校、卫生院、商业网点、企业或加工厂等)。

⑤对与社区有直接关系的外部社会资源的位置及其与社区的距离进行标注，包括地方政府(县、乡政府管理及服务部门)、中心学校、集贸市场、医疗卫生、交通等内容。

⑥对种植业用地(作物种类、分布位置、面积)、牧业用地(牧场、草场、圈养地等)、林业用地及林业资源(树种、林种，天然林、人造林等)，进行土地类型划分的描述(如：一等地、二等地等)。

⑦在图上注明自然灾害如水土流失情况严重的区域及其发生频率等内容。

⑧如有必要，在空白处或另外的大纸上，说明村、组之间的类型划分、各自的特点。

⑨制作图例以及注明制图日期、制图人姓名、地点。

4. 注意事项

①按照自己的思路确定方向、边界、注明内容。尽量采用不同的符号、线条、颜色，增加直观性、形象性；

②使用此工具时，不应对比例尺、图例等作规定。

有关图示如图4-1至图4-4所示。

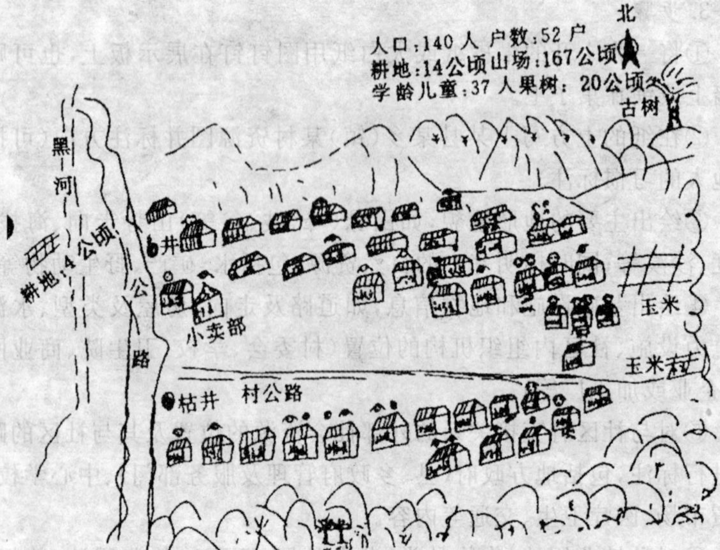

图 4-1 社区资源图

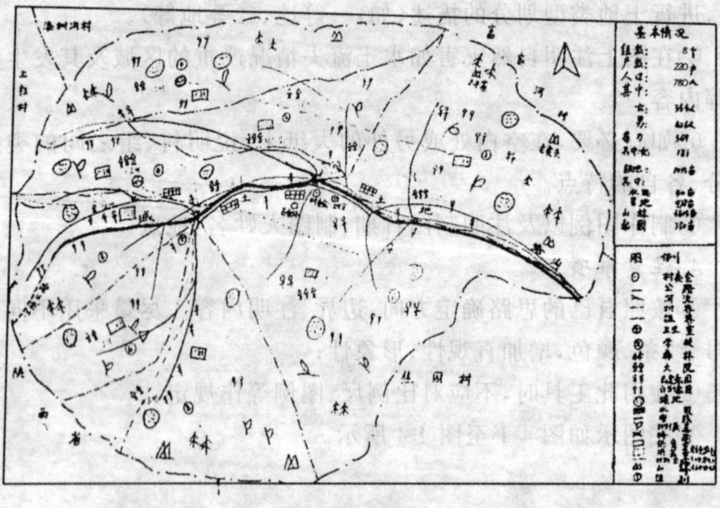

图 4-2 十堰市郧县胡家营镇土地沟村现状图

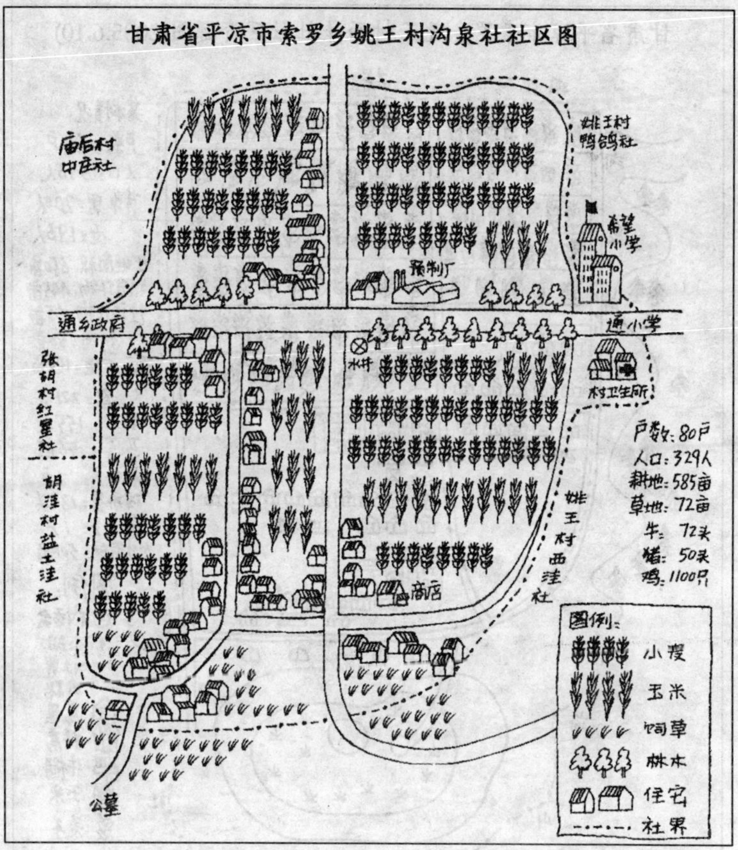

图 4-3　甘肃省平凉市索罗乡姚王村沟泉社社区图

(三)土地利用剖面图

土地利用剖面图主要用于了解当地社区土地利用状况、土壤类型和目前存在的问题,探讨其发展的潜力。不同于社区图及资源图,土地利用剖面图主要是通过立体的剖面展示社区的土地利用状况,由 3～4 名当地村民沿事先选定的路线步行横穿某一地区来绘制完

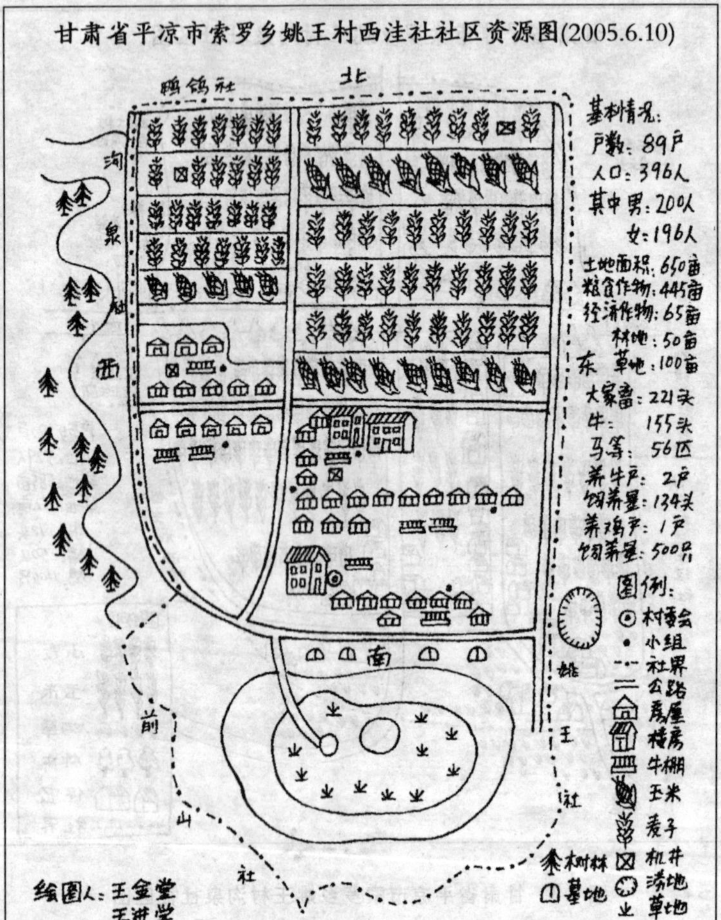

图 4-4　甘肃省平凉市索罗乡姚王村西洼社社区资源图

成。线路方向任选，但是要保证能够横跨所考察的地区的所有主要的生态和生产地带和最大限度地考察该地区的地形地貌、生产生活和经济等情况。

1. 目的

①提供自然资源潜力、土地利用结构、畜牧养殖、种植结构等方面的必要信息；

②进一步了解社区的总体情况；

③深入讨论社区内部某一特定区域内的所有情况(生产、生活等)；

④为进一步的涉及社区发展的讨论(问题确定、措施选择与分析等)提供基础资料；

⑤与社区图及资源图比较，对所获得的信息进行交叉验证。

2. 工具与材料

笔记本、笔、大纸、彩笔等。

3. 步骤

①根据制作完成的社区图及资源图选定具体的踏查路线，组建踏查小组；

②每走 5～10 米，就停下来对周围进行观察并记录下观察到的东西。可以与小组成员进行讨论例如当地的土地、植被和水资源等方面的情况并加以记录；

③结束实地踏查，将 1 开的牛皮纸或大白纸用图钉钉在展示板上，也可贴在墙上或铺在桌子上；

④在大纸上方写上某县某乡(镇)某村土地利用剖面图并写明踏查方向和距离；

⑤根据实际情况，将剖面的大致地势包括地表的主要利用形式绘制在大纸的上半部分并在相应位置标注海拔、坡度等信息；

⑥根据距离(一般为公里)、土壤类型或者利用情况将剖面分段并相应地在剖面下制作表格，其中，横向通栏为不同分段，纵向通栏分别为土壤类型、利用现状、存在的问题、潜力分析和解决的对策等内容；

⑦标注制作时间、地点及参与人员。

4. 注意事项

①根据时间及调查的具体情况，可以选择实地踏查后制作剖面

图并讨论，也可以在制作完成社区资源图的基础上选择一个剖面进行讨论；

②讨论的核心内容是各地段目前存在的问题，包括自然造成的问题和管理造成的问题以及相应的发展潜力和解决问题的对策；

③制作过程中要反复验证并注意与社区图及资源图的交叉检验。

渭源县锹峪乡峡口村三社土地利用剖面图及其利用情况如图 4-5 和表 4-1 所示。

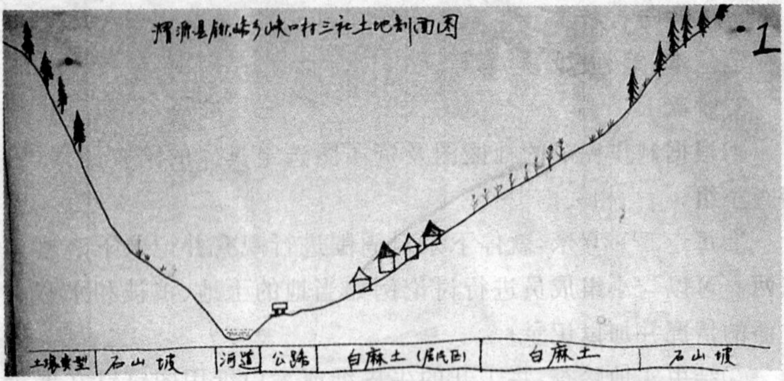

图 4-5　渭源县锹峪乡峡口村三社土地利用剖面图

表 4-1　渭源县锹峪乡峡口村三社土地利用情况

	1	2	3	4	5	6
土壤类型	石山坡	河道	公路	白麻土	白麻土	石山坡
利用现状	天然林	季节河	简易路	居住区	种植小麦、土豆、油菜、蚕豆	天然林
存在问题	陡峭，坡度大，植被稀少	4～6 个月/年	条件很差	95%以上的土房	土壤贫瘠，肥力差，产量低	陡峭，坡度大，植被稀少

续表 4-1

	1	2	3	4	5	6
发展潜力	风景优美;适合发展旅游		可通旅游车辆	有劳力	调整种植结构	
建议	寻找开发旅游的资金支持		改善公路条件,种植路树	争取资金修路及其他基础设施建设	增强肥力,引进高附加值的品种	为旅游争取开发资金

二、社区历史发展分析

社区历史发展分析是参与者回忆和追溯社区历史上曾经发生的、与村民生计相关的、村民认为重要的事件。通过对社区历史发展分析有利于对社区发展过程的了解及对发展趋势的预测,主要使用的工具包括社区发展大事记、历史演变图、社区发展趋势分析图等。

(一)社区发展大事记

大事记从某种意义上展现了对村民有较深影响的乡村发展史中的重要事件。该工具将社区发展中的演变过程予以直观、形象地表达,加深参与者对社区自然生态、社会文化、社区制度、技术及经济变迁过程的认识。这一工具将有助于参与者理解过去事件(重大事件)对发展的深刻影响,并为进一步探讨未来的发展方向、途径和措施提供可资借鉴的经验和教训。在这一过程中,参与者能够从社区的发展历史中得到有益的启示。此工具的优点是从历史的角度来看待发展中的问题,通过参与的过程而形成对发展的共识,为社区制订发展规划和启动其发展过程打下基础。

1. 目的

①了解社区在一定时间段内发生的,特别是社会经济方面重大事件及对当地人的影响,以便对社区发展的过程进行分析;

②通过调查，发现并分析不同的目标群体对于发展、变化的认识以及他们对于社区内变化情况的了解(参与)程度；

③配合现状和问题分析，追踪导致现状的历史原因和演变过程，从而预测今后的发展趋势和项目干预的效果。

2.工具与材料

笔记本，笔；大纸，记号笔等。

3.步骤

①在一张大纸的上方分别写上年代、事件及对社区发展的影响；

②请一位社区中的长者从他(她)能知道的时间开始，逐年依次回忆比较重大的事件；

③写出具体的时间(年份)、发生的事件、对他(她)和社区的各种实际的以及潜在的影响(正面或负面)；

④在制作过程中，如展开了相关讨论，可将有价值的信息记录在空白处；

⑤请其他人进行补充；

⑥标注制作时间、地点、参与人员。

4.注意事项

①所谓的大事应以当地农民自己的标准为准，影响不仅是正面的，也可能有负面的；

②主持人应不断提醒，帮助其回忆；

③最好同小组访谈结合在一起进行；

④注意信息所提供的主要线索；

⑤注意交叉验证。

北京畜牧农民田间学校发展大事记如表 4-2 所示。

(二)历史演变图与发展趋势图

与社区发展大事访谈进行配合或者根据时间安排单独制作。主要是对不同时期的基础设施建设、新技术的引进和应用、自然资源与环境方面的变化等对社区有重要影响的事物进行直观的、量化的表

表 4-2　北京畜牧农民田间学校发展大事记

年代	事件	影响
2006 年以前	农民接受培训，以老师、专家讲大课为主，偶尔有科技下乡，发技术材料。卖药、卖饲料的人经常来讲课	接受技术培训机会少；老师专家讲得深，讲的内容不适用；厂商讲课多为了推销，各说各的好，相互诋毁别人，把农民搞糊涂了，不知道相信谁的
2006 年	农民田间学校引入畜牧业。6 月在昌平举办了第一期辅导员培训班，培训辅导员 29 人。同时第一所畜牧农民田间学校——昌平区肉羊农民田间学校正式开班，当年共开办学校 10 所。11 月，牛有成副市长观摩了昌平肉羊农民田间学校并给予了高度评价	农民参与积极性很高，纷纷把自己生产中存在的问题在培训中讨论并加以解决
2007 年	拍摄了 2 集畜牧农民田间学校专题宣传片，在 CCTV-7 套《科技苑》节目播出。畜牧农民田间学校增加到了 21 所	让广大养殖户知道、了解田间学校的办学模式，鼓励参加、鼓励办学
2008 年	召开全市《推进北京市农民田间学校建设会议》，且市农业局、科委、农委、财政局联合下发了《关于加快京郊农民田间学校建设实施意见的要求》，大力推广田间学校培训模式。畜牧农民田间学校在全市铺开，9 个区县 108 所，并全面实行网络化管理	畜牧农民田间学校迅速发展，培养辅导员达 193 名，使更多的养殖户得到了系统培训
2009 年	田间学校队伍不断壮大，全市计划开办 500 多所，其中，畜牧 203 所	

述。根据调查需要，运用历史演变图这一工具的对象可以是社区内不同的群体，如村干部、男女农民小组、个体农户、儿童等。内容可以包括：随着社会的发展，给个人带来的变化；土地利用上的变化；技术

上的变化(技术革新);气候变化;自然环境的变化,等等。除此之外,标明根据社区历史的分析对将来的发展趋势的预测结果。

1. 目的

①了解在乡村发展过程中自然资源与环境的变化、原因、结果和影响;

②从中获得有关过去社区发生的变化、遇到的主要问题以及处理这类问题的方法;

③根据历史分析预测社区在短期和长期可能发生的变化;

④在讨论过程中分析当地人对变化的理解及在变化管理过程中的角色。

2. 工具与材料

笔记本,笔;大纸,记号笔等。

3. 步骤

①寻找社区内记忆力强的老年人1人或多人。

②根据需要,确定时间段。时间段的选择应根据参与者的实际经历来确定,其单位可以为3年、5年或10年,以重大事件的发生顺序为准。

③在大纸上方注明某县某乡某村历史演变与发展趋势图并制作坐标。注明需要讨论其演变过程的内容(如草场、林地、水资源、收入、人口等)、时间段以及发展趋势。

④参照大事记的做法,请参加人对他们认为重要的事件进行回忆,摘录具有历史意义的重要变化阶段并画在纸上对应的位置。

⑤可将有价值的文字信息记录在空白处。

⑥完成并注明制作时间、地点、参加人员。

4. 注意事项

①可以从个人的经历(从能记忆起开始)开始;

②年轻的参与者必要时帮助绘画和笔录;

③注意参与者所提供的历史演变过程中各项内容相互间的逻辑

关系，必要时展开相关的讨论加以明确；

④注意与采用其他工具获得的结果进行交叉验证。

有关图示如图 4-6 和图 4-7 所示。

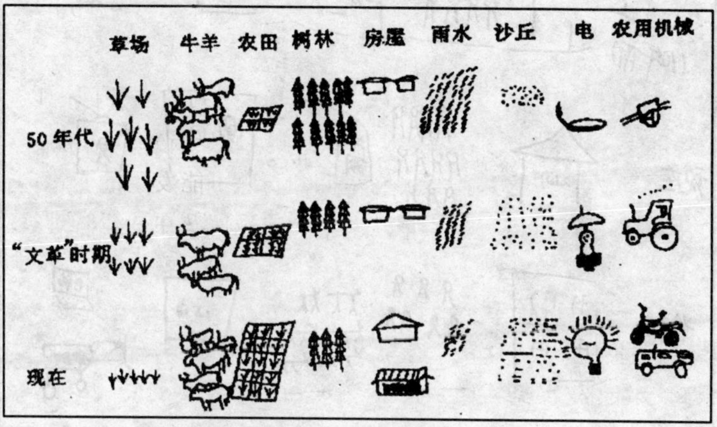

图 4-6　历史演变图

三、社区生计活动分析

社区生计活动分析是探讨社区内人口在生产生活安排、经营管理、自然资源与社会资源分配等方面从事的活动及相互关系。对生计活动的分析是开展社区问题分析和解决方案的重要组成部分。社区生计活动分析主要使用的工具包括季节历和每日活动图。

(一)季节历

季节历可以帮助了解社区主要农事活动类型、如何配置资源(土地、劳力、劳动时间等)、经营活动及满足其基本需求(口粮、现金、燃料等)的方式和忙闲的季节差异，例如当地农户生产活动，收入支出情况，自然灾害发生频率及影响，疾病，农户的劳动量(强度、负担)，男人、妇女及儿童在生计活动中的角色与作用。

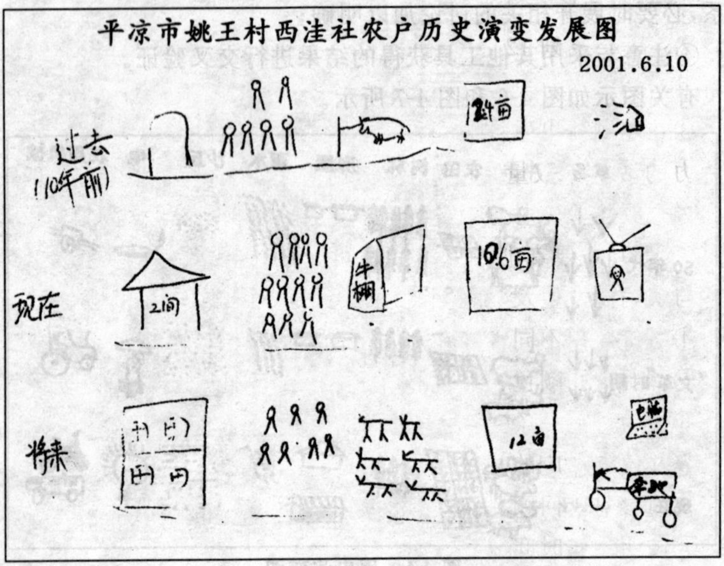

图 4-7　历史演变与发展趋势图

1. 目的

①分析劳动力的季节分布、特定时间的劳动强度，确定劳动力转移的潜力；

②显示政府以及非政府组织参与当地社区发展活动提供支持与服务的有利时机；

③分析价格、市场、收入、支出的动态，以便分析项目活动与生计活动的关系，如小额信贷活动的培训时间、放贷时间、还款周期、频率等；

④进行社会性别分析。

2. 工具与材料

大纸、彩色记号笔或就地取材(不同颜色的粮食颗粒)。

3. 步骤

①在大纸最上方写上某县某乡(镇)某村季节历并注明公历或

农历。

②在大纸上划 12 条竖线，在每条竖线的上面标上月份。左侧要留有书写的空当。

③在左侧写出生计活动种类，例如：种植业（作物种类及所需投入劳力的活动和数量），养殖业（种类及劳力投入类型，包括种畜购买、防病、放牧等）、林果业（整地、剪枝、除草、收获等）、副业（采集药材、打工等），主要支出的类型及时间分布、主要收入的类型及分布、灾害与疾病的发生及类型等。

④尽量体现不同性别在不同活动中的分工及投入的差异。

⑤可用不同颜色的豆粒等表示各月男女农民相对的劳动量。

⑥作为对上一条的替代，也可以直接讨论当地每个月的不同活动内容并填入对应的月份下。

⑦与参与者回顾、确认完成的季节历。

⑧注明制作时间、地点、参与者。

4. 注意事项

①根据当地人习惯决定使用公历或农历。

②灵活使用季节历，根据情况添减内容。例如，可以在农事季节历的制作中逐月讨论各项活动情况；可以在制作过程中与当地人就一些有价值的问题如困难、对策等进行讨论并记录。

③在制作过程中注意交流及与不同参与者的交叉验证。

④完成后要进行总结。

甘肃省平凉市索罗乡姚王村姚王社季节历如表 4-3 所示。北京市昌平区流村镇老峪沟村商品肉鸡饲养管理季节如表 4-4 所示。

(二)每日活动图

每日活动图是对某人或某些人在特定时间段内（农忙或农闲）从早上起床到晚上睡觉的全部活动的简单而完整的记录。每日活动图用来帮助收集和分析社区成员的日常活动方式和每日的时间安排。通过对不同成员（男女老少）的每日活动比较，可以提供作息时间、生计活动安排、性别分工、农村文化生活和当地风俗等信息。每日活动图可以对不同人的活动进行对比，如男性和女性；也可以比较同一个人在不同季节和随着时间推移的活动模式的变化。

1. 目的

①帮助收集和分析社区成员的日常活动方式和每日的作息时间安排；

表 4-3　甘肃省平凉市索罗乡姚王村姚王社季节历

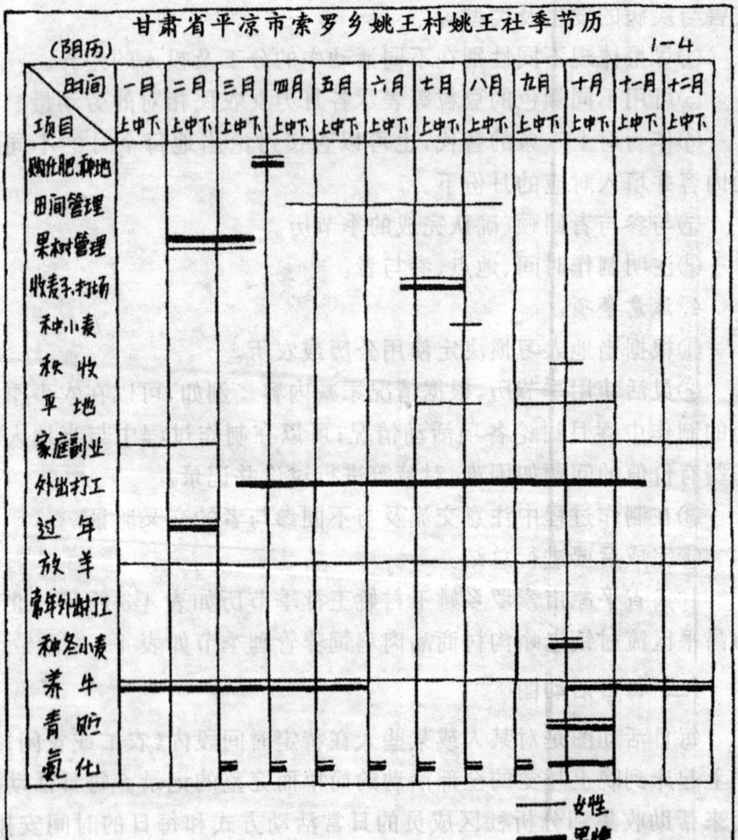

表 4-4　北京市昌平区流村镇老峪沟村商品肉鸡饲养管理季节历

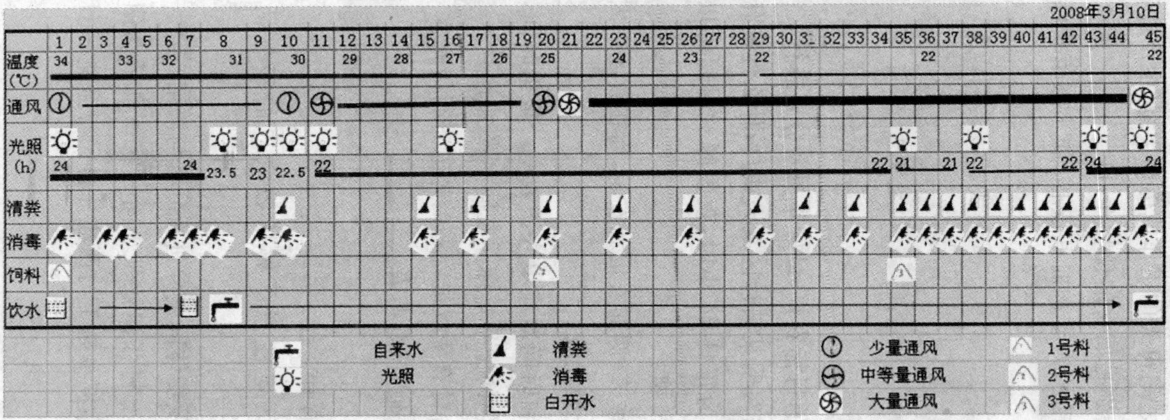

季节历说明

老峪沟村全部采用网上饲养方式，全村养殖户 15 户，饲养商品肉鸡 5 万只。

1. 温度控制：商品肉鸡育雏温度是控制雏鸡死亡的关键环节，尤其是在 14 日龄之前的育雏温度，要按照季节历所示温度严格控制。到 30 日龄之后鸡舍的温度控制在 22℃左右，更有利于肉鸡的增重。

2. 通风控制：10 日龄之前封闭鸡舍，以保温为主。到 10 日龄之后适当增加通风量，保证室内空气新鲜，另外，根据不同季节调整通风量。

3. 光照：因为雏鸡的视力弱，育雏前 1 周 24 小时光照。35 日龄后光照逐渐增加到 24 小时光照，主要是促进肉鸡的生长。

4. 10 日龄之前雏鸡产生的粪便少，10 日龄开始清理粪便。10 日龄后间隔 1 天清理 1 次粪便，到 35 日龄后，每天清理 1 次，排除粪便对鸡舍空气的污染，确保鸡舍空气质量。

5. 10 日龄之前雏鸡死亡率高，除免疫当天外，每天消毒 1 次。10 日龄后消毒工作要和清粪结合起来，清一次粪便消毒 1 次。

6. 饲料：20 日龄前用肉鸡一号料，20～35 日龄用肉鸡二号料，35 日龄以后用三号料。注意更换饲料要有过渡，尽量减少换料引起的应激。

7. 饮水：7 日龄之前用凉白开水自由饮用，8 日龄开始饮用自来水。

②分析社会性别(男女)之间每天的工作或劳动类型(生产性、家务性、社会性)和时间差异,特别是妇女的现状;

③帮助确定特定项目活动的内容和时间安排,如小额信贷活动中的培训、会议时间等;

④用于项目评价。

2.工具与材料

大纸、彩色记号笔等。

3.步骤

①选择提供每日活动图的目标农户(最好是男女分开进行)。

②画一个图或表,抬头需写明某某社区某人或户,什么性别什么时间每日活动图。横向坐标为每日 24 小时,夜里睡觉时间可以省略。纵向坐标为农户每天的活动。

③选择有代表性的两个季节(例如农忙和农闲,而在牧区则因为各不相同而选择四季)各一天做比较。

④将每日不同活动内容和时间对应填入图表中。根据时间,也可以将男女的活动用不同颜色的记号笔标注在同一张图上。

⑤与制作人验证并回顾,对有争议或问题的地方进行讨论。

⑥在图上注明制作时间、地点、参与者。

4.注意事项

①在目标农户选择时要有针对性;

②在有宗教信仰的地区应注意了解信教农户的宗教活动时间;

③注意对上述各种个体及群体间差异进行分析与总结。

甘肃省平凉市索罗乡姚王村张洼社张小同一家每日活动图如图 4-8 所示。甘肃省平凉市索罗乡姚王村西洼社村民王金堂一日活动图如图 4-9 所示。

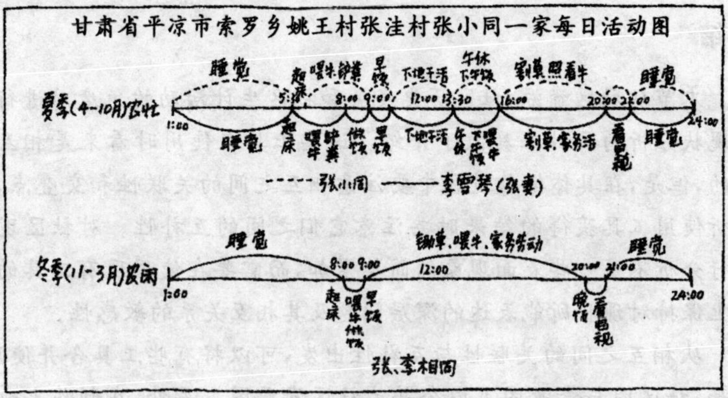

图 4-8　甘肃省平凉市索罗乡姚王村张洼社张小同一家每日活动图

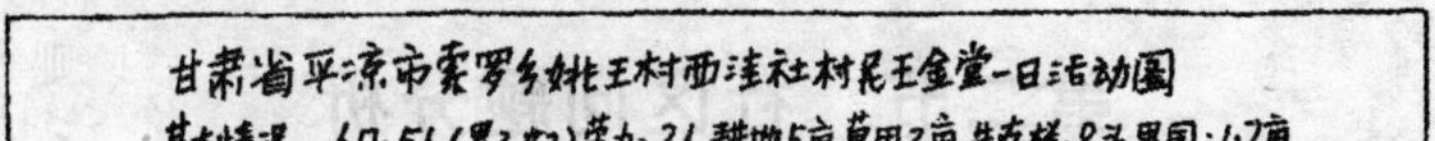

图 4-9　甘肃省平凉市索罗乡姚王村西洼社村民王金堂一日活动图

小结

本节从社区资源、社区历史发展和社区生计活动的角度对进行社区现状分析的7种工具做了介绍。这些工具在使用时看来是相互独立的，但是，在具体操作过程中要注意相互之间的关联性和交叠点，在分析使用工具获得的结果时要注意它们之间的互补性。对社区现状进行分析不是一些表面现象的简单累加，而需要在使用现有工具的基础上保持对现状所能表达的深层问题及其相互关系的敏感性。

从相互之间的关联性与互补性出发，可以将有些工具合并使用，例如，社区图与资源图可以合并为社区资源图。另外，在制作土地利用剖面图时，社区资源踏查活动可根据具体情况决定是否实施，例如，可以在社区资源图的基础上选择一个有代表性的剖面进行。

第二节 社区问题分析

从某种意义上说，参与式农民培训需求调研方法中核心的内容就是通过运用许多相关工具开展发现问题、分析问题和解决问题的活动。因此，问题分析在参与式农民培训需求调研方法中占有很重要的位置。社区问题分析的技能能够帮助人们利用访谈和研讨两种形式对所关心的话题开展深入的、逻辑化的讨论分析。访谈是以访谈提纲为基础在访谈者与访谈对象之间开展的对话过程；研讨是以主持人的主持为特征在小组中开展的讨论过程。

一、半结构访谈

半结构访谈是相对于全结构性访谈而言的。后者的典型代表是问卷调查，所有问题都事先考虑、设计好了，甚至连几种可能的答案都确定好了，从而失去了交流、深究、获取大量生动信息，并与被访问人进一步建立密切关系的机会，而这种关系对搞好扶贫项目是十分重要的。此外，由新手或对农村、农民缺少感情、兴趣的人做全结构性问卷调查，往往枯燥，而且随着问卷长度、访谈时间的增加，其信息的可靠程度也下降。

参与式发展研究成功的核心在于进行敏感或机敏的访谈。如果缺少了它，无论你在讨论中采用什么别的方法，得到的信息或对事物的理解都将十分有限。作为一种有访谈提纲作指导的访谈，半结构式访谈中只有主题和次级主题是事先准备好的，而具体问题或其提法是在讨论或可视形象化分析中根据当时具体情况临时确定的，因此这是一种十分灵活和逐渐展开的过程。半结构访谈是一种开放、交互式的访谈形式，这就要求访谈者应灵活多变、要有创造性思维。半结构访谈有利于打消访谈对象一般在面对问卷及机械化的提问方式时容易产生的紧张与顾虑。

通过不同访谈对象开展的问题分析是指对社区内不同的群体或个人就某些背景情况展开的访谈活动。不同个体或不同群体由于所处的社会经济地位不同，对社区问题的看法和认识也会有差异。这种差异会导致对解决问题的措施有不同的选择，从而导致不同的结果。

既然从不同角度对问题的分析有不同的针对性和不同的作用，那么就应该根据问题分析的需要选择适当的访谈对象。通过不同访谈对象开展的问题分析主要应用的工具有农户访谈、主要知情人访谈和专题小组访谈。农户访谈更多用于对普遍性的问题的了解；而知情人访谈和专题小组访谈更多的是对针对性问题的讨论。

(一)农户访谈

在农村，家庭是最基本的生产、生活单元，也是社区的组成单元。采用一定标准，如人口数、富裕程度、受教育程度等，可以将社区内家庭分为几类，可在社区有关人士的帮助下，挑选不同类型的家庭进行采访。如需要采访社区家庭基本经济状况，可挑选一定数量的贫困户、中等及富裕户进行分别采访收集相关的资料，进而了解社区内家庭的基本经济状况。

1. 目的

①了解社区背景资料；

②了解农户生计状况及相互之间的差异；

2. 工具与材料

笔记本、笔、访谈提纲。

3. 步骤

①准备调查问卷或访谈提纲；

②选择访谈对象；

③进行半结构式访谈；

④在结束访谈前，需对所有的问题进行一次快速的检查，对访谈者不能回答的问题，请他（她）提供另外的访谈对象；

⑤与访谈对象进行回顾和总结并做必要的补充。

4. 注意事项

①调查问卷设计要简明、容易填写；

②提问方式不要引起被访对象的反感；

③在讨论过程中保持对问题的敏感性。

（二）主要知情人访谈

一般来讲，主要知情人指社区内对某些专题比较熟悉、有较多的相关知识的人。他们可能是领导，也可能是一般群众。作为半结构访谈之一的主要知情人访谈具有半结构访谈的基本特点，要求访谈者具备相关主题或领域的基本知识和一定的实践经验。

1. 目的

①在了解一般信息的基础上，深入了解某个专题或某领域的具体信息；

②对某些问题进一步分析并提出相关的建议。

2. 工具与材料

笔记本、笔、访谈提纲。

3. 步骤

①事先根据内容，确定少量的访谈对象，并约定好访谈的时间；

②简要介绍访谈的目的和内容，并征求被访谈者的意见、理解和同意；

③进行半结构式访谈；

④在结束访谈前，需对所有的问题进行一次快速的检查，对访谈者不能回答的问题，请他（她）提供另外的访谈对象；

⑤与访谈对象进行回顾和总结，并做必要的补充。

4. 注意事项

①尽量避免访谈过程及结果被访谈对象的主观偏见所误导，这是因为样本量小导致访谈易受影响；

②尽量控制访谈不要离题太远；

③要注意了解被访谈者的个人经历和知识背景，这有助于分析获得的信息；

④主要知情人访谈也可以两个调查人员参加，一个人提问，另一个人记录。

（三）专题小组交流

专题小组交流是用半结构的方式由一组选定的参与者（男农民、女农民、干部、教师、儿童等）对某些特定的题目进行讨论交流的一种形式。专题小组通常由 6～8 人组成，是小组成员通过相互交流、深入讨论后达成共识的过程。专题小组交流的主要步骤与主要知情人访谈是相似的，只是在内容上，专题小组交流更强调特定主题。

专题小组交流可按两种形式操作。一种是访谈；另一种是研讨。正如本节开头所述，访谈是以访谈提纲为基础，在访谈者与访谈对象之间开展的对话过程；研讨是以主持人的主持为特征，在小组中开展的讨论过程。

1. 目的

①在了解一般信息的基础上，深入了解某个专题或某领域的具

体信息；

②对某些问题进行进一步分析并提出相关的建议；

③在有限时间内针对特定的主题获取广泛的反馈。

2. 工具与材料

大纸、记号笔、胶带、图钉、访谈提纲。

3. 访谈步骤

①访谈者事先准备好访谈提纲；

②选择或用村民大会的方式确定访谈对象、时间与地点；

③简要介绍访谈的目的和内容，并征求被访谈者的意见、理解和同意；

④访谈中要求有两个调查人员同时参加，一个人提问，另一个人记录或帮助写卡片；

⑤按照半结构式访谈的方式展开讨论；

⑥结束时小组成员进行回顾和总结。

4. 研讨步骤

①事先准备好研讨题目或者问题；

②由主持人选择确定访谈对象、讨论的时间与地点；

③事先通知到选定的参与者；

④主持人自我介绍后，简要介绍研讨的目的和内容，并征求参与者的意见、理解和同意；

⑤将大纸贴在墙上或铺在桌上，由主持人主持并将内容记录在大纸上；

⑥按照准备好的研讨题目展开研讨过程；

⑦结束时小组成员进行回顾和总结。

5. 注意事项

①访谈者或主持人要注意不要过多地用自己的观点去影响访谈对象的看法和理解；

②注意态度、语气和行为方式对整个讨论过程的影响；

③应尽量照顾到所有参与者，鼓励每个人发表观点；

④尽量对所讨论的内容达成共识。

二、专题研讨

问题分析可以采用不同方式进行，可以利用访谈的形式，也可以在小组研讨中进行，但更多的是以小组的形式进行的。因此，问题分析是针对不同专题内容开展的分析。专题研讨强调主持人的主持技能和辅助作用的发挥，参与主体是当地人。要应用的工具有因果关系分析、打分排序、优劣势分析、选择方案可行性分析、“H”形评价图。

（一）问题收集分析表

问题收集分析表是主要用于调查者与农民小组一起讨论面临问题的时候所应用的一个问题收集和分析的工具，它是一个在社区层次开展调研的调查者与农民交流的简便工具。问题收集分析表的格式如表 4-5 所示。

表 4-5　问题收集分析表

问题	描述	原因	影响	解决措施	措施的效果	需要的支持

1. 目的

①通过讨论，澄清人们所关心的主要问题；

②通过分析，对问题、原因和影响达成共识；

③为进一步应用问题树的因果关系分析奠定基础。

2. 工具与材料

大纸、彩色记号笔、胶带、胶水、图钉等。

3. 步骤

①邀请 10～15 名当地人参加小组讨论；

②在大纸的上方写明某县某乡镇某村农民小组访谈问题收集分析表、小组名称、地点和日期；

③说明意图、做法；

④采用头脑风暴方法在所确定的讨论题目下找出主要问题；

⑤将问题列入表中的问题一栏；

⑥将该问题的表现症状写在描述一栏中；

⑦找出问题的原因；

⑧分析核心问题带来的后果或负面影响，写在影响一栏中；

⑨在措施一栏内写出目前小组成员认为可以用于解决该问题的措施或方法；

⑩如果有人已经采用了上述措施，将效果写在效果栏内；

⑪在需要的支持一栏内写明如果解决该问题所需要的支持(包括机构、服务等)。

4. 注意事项

①主持人在主持讨论过程中用记号笔记录农户的意见；

②描述是对问题的症状的表述，是为了确定问题而写的内容。图 4-10 为问题树的基本形式。

(二)因果关系分析

这是参与式培训需求调研中比较重要的工具之一，需要主持者具备较高的动员、组织、快速归纳和总结问题等方面的技巧。通过小组讨论与分析，在较短的时间内与参与者一起对某一特定问题(如社区贫困问题)的原因、导致的结果等方面进行分析，并按照一定的逻辑层次加以整理、归纳。尤其值得注意的是，人们往往容易将导致贫困的原因及贫困导致的结果混淆起来，另外，通过讨论获得的大量原因与结果也往往属于许多不同的层次，在这种情况下，掌握因果关系分析法可以帮助我们在讨论与分析过程中更好、更快地认清某一事

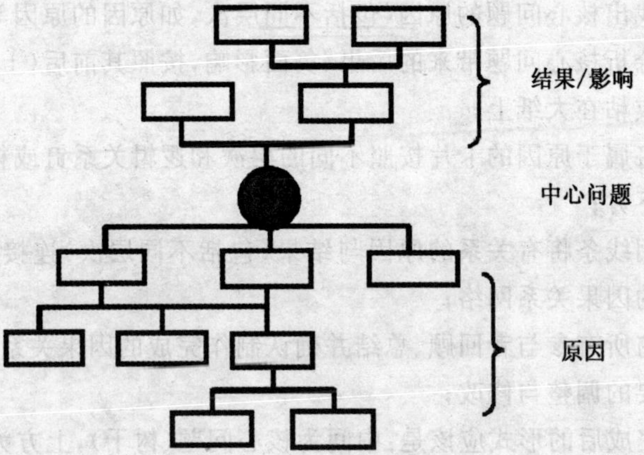

图 4-10　问题树的基本形式

物的本质，以便将注意力集中到使村民对贫困的问题、原因和影响达成共识，为进一步研究解决措施、找到项目的切入点及可能的规划内容打下基础。

1. 目的

①通过讨论，澄清人们所关心的主要问题；

②通过分析，对问题、原因和影响达成共识；

③为确定解决问题的方案打好基础。

2. 工具与材料

大纸、彩色记号笔、卡片、胶带、胶水、图钉等。

3. 步骤

①邀请不超过 15 名当地人参加小组讨论；

②在大纸的上方写明某县某乡镇某村某问题因果关系分析；

③说明意图、做法，分发给每人卡片与记号笔，提示参与者将要发表的意见按要求写在卡片上；

④采用头脑风暴方法在所确定的讨论题目下找出主要问题；

⑤通过讨论找出核心问题并固定在大纸中间；

⑥找出核心问题的原因(包括不同层次,如原因的原因等);

⑦分析核心问题带来的后果/负面影响,按照其前后(上下)逻辑关系钉或粘在大纸上;

⑧将属于原因的卡片按照不同的层次和逻辑关系钉或粘在核心问题的下方;

⑨用线条将有关系的原因与结果(包括不同层次)连接起来,形成完整的因果关系网络;

⑩与所有参与者回顾、总结并确认制作完成的因果关系分析图,进行必要的调整与修改;

⑪完成后的形式应该是:中间为核心问题(树干),上方为后果及影响(树枝),下方为原因(树根),即“问题树”;

⑫注明制作时间、地点、参与讨论的人员。

4. 注意事项

①主持人应遵守“中立”原则、研讨过程中平等参与原则、群体决策的原则;

②注意参与者应该是对社区情况比较了解的当地人;

③注意不断提醒大家对不同层次上问题、原因、结果的表达与描述,要注意问题的表述中不要用“缺少”、“没有”等词汇;

④可以邀请参与者直接写卡片,也可以由支持者或其助手帮助书写(注意书写后跟意见的提供者确认是否准确);

⑤要尊重每一位参与者,不要加以简单的如“对”或“不对”的评价,可以要求他们对自己的意见加以说明并在讨论后进行修改;

⑥要尽可能多地征求所有参与者的意见,避免少数人主导讨论;

⑦主持者是在发动、组织、协助参与者讨论,而不要以自己的观点主导讨论;

⑧结束讨论前要与所有与会人员总结并回顾讨论的过程与内容。

有关图示如图 4-11 所示。

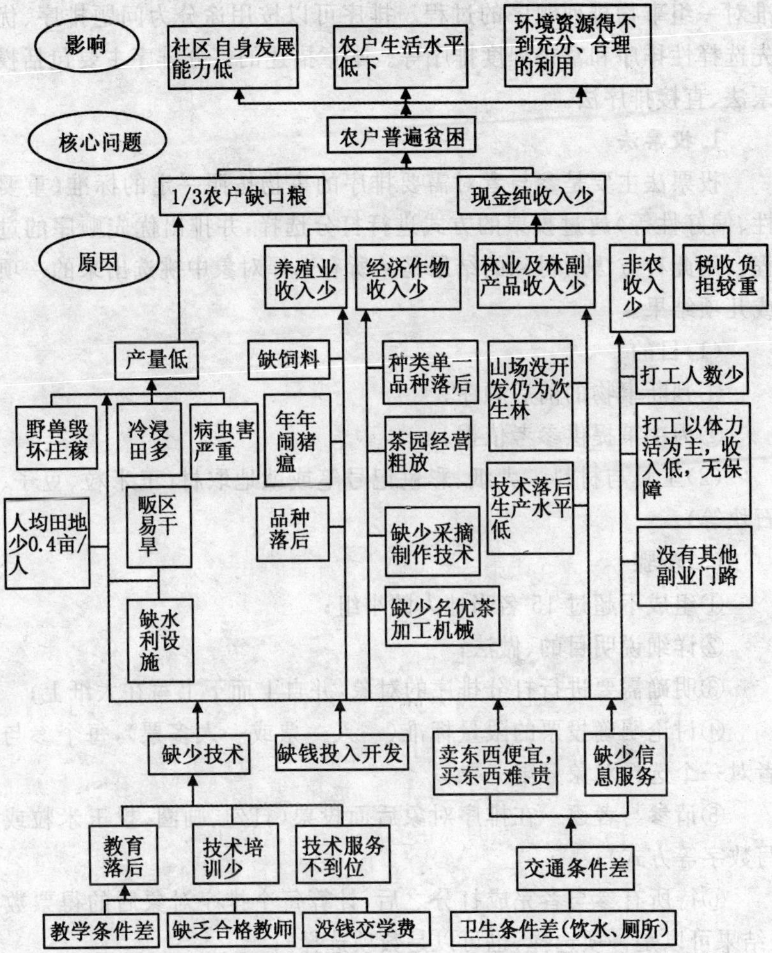

图 4-11　因果关系分析

(三)打分排序

打分排序是指为决策提供依据的一种结论性的选择过程，它是由一组人按一定标准将事物进行打分然后排序的过程。打分可以采取直接投票或投票与权重相结合的形式进行。排序是按照一定的标准对一组事物排列顺序的过程。排序可以按用途分为问题排序、优先选择性排序和富裕程度排序等。本章描述的打分排序主要包括投票法、直接排序法。

1. 投票法

投票法主要是参与者对需要排序的事物按照一定的标准(重要性、偏好性等)通过投票的方式进行打分选择,并排出优先顺序的过程。用此种方法所得到的结果是从所有选择对象中挑选出来的一项或几项结果。

(1)目的

①判断事物的前后顺序;

②为决策提供参考依据。

(2)工具与材料　大纸、彩色记号笔或就地取材(玉米粒、豆子、石块等)。

(3)步骤

①组成不超过15名当地人的小组;

②详细说明目的、做法;

③明确需要进行打分排序的对象,并自上而下书写在大纸上;

④讨论明确投票的限量标准(一人一票或一人多票),每个参与者对一个选择对象只限一票;

⑤请参与者逐一在排序对象后面投票(打勾、画圈、投玉米粒或写数字等方式);

⑥待所有参与者完成打分之后,计算每个排序对象后的得票数(结果可以是一项选择,也可以是数项选择);

⑦按得票多少排出顺序,记录在如表4-6所示的表格中。

2. 直接排序法

直接排序法主要是参与者对需要排序的事物按照个人的标准(重要性、偏好性等)重新排序。用此种方法所得到的结果是所有选择对象的一个排列顺序。

表 4-6　投票法表格

排序对象	投票	排序
1		
2		
3		

(1)目的

①判断事物的前后顺序；

②为决策提供参考依据。

(2)工具与材料　大纸、彩色记号笔。

(3)步骤

①组成不超过 15 名当地人的小组；

②详细说明目的、做法；

③明确需要进行打分排序的对象；

④制作表格：将确定的排序对象逐一写在最左侧的纵栏内，对应的右侧按照参与者人数画出空白的纵栏并在第一行写明参与者的号码或姓名；

⑤请参与者逐一在表格内将排序对象按自己的偏好重新给予顺序号(1,2,3,4)；

⑥待所有参与者完成排序之后，将每个排序对象后的数字相加，将结果填入合计栏内；

⑦按合计栏内数字多少重新排出顺序，记录在如表 4-7 所示的表格中。

表 4-7　排序法表格

排序对象	参与者 1	参与者 2	参与者 3	参与者 4	合计	排序
1						
2						

简单排序法如表 4-8 所示。

表 4-8 简单排序(图中 * 为女性参与者)

项目	农民代表														分数	排序
	1	2	3*	4	5	6	7	8*	9	10	11	12	13	14*		
种植业																
土豆	1	1	1	2	2	2	1	3	1	1		2	1	3	21	1
中药材	2	2	2	1	3	1	2	1	2	2		3	2	2	27	2
蚕豆	4	3	4	4	4	4	4	4	4	4		4	4	4	51	4
育苗	3	4	3	1	1	3	3	2	3	2		1	3	1	37	3
养殖业																
牛	1	1	3	1	2	2	1	1	1	3		1	1	1	19	1
羊	2	2	1	2	1	1	2	2	2	1		2	2	2	22	2
鸡	3	3	2	1	3	3	3	3	3	2		4	4	3	39	3
中国林蛙	4	4	4	4	4	4	4	4	4	4		3	3	4	50	4
基础设施建设																
道路	3	1	1	3	4	2	3	4	4	2		4	4	2	37	3
学校	1	2	2	1	2	1	1	1	1	1		2	1	1	17	1
卫生所	2	3	4	4	1	3	2	2	2	4		3	3	3	36	2
技术服务	4	4	3	2	3	4	4	3	3	3		1	2	4	40	4

(4)打分排序的注意事项

①尊重排序者,不要打断排序的过程;

②排序的主题应根据工作的需要由主持人确定,但具体的内容及衡量的标准应尽量由当地人讨论产生;

③排序结果应该仅作为决策的参考依据,因为参与排序的人所给出的结果不能避免会受其本身社会存在所产生的立场和态度影响。

(四)优劣势分析

优劣势分析是帮助人们在面对诸多影响因素时进行分析决策的工具之一。对社区面临的内部和外部条件、可控和不可控因素进行比较分析,为制订社区发展计划,制定行动方案提供依据。优劣势分析的内容包括优势(社区自身有利条件)、劣势(社区自身面临的不利条件)、机会(社区以外可以提供的发展机会)、风险(社区以外可能对社区活动有影响,而且是社区无法控制的因素)。优劣势分析法通常用于小组讨论中,为小组讨论提供框架,使讨论与分析过程具有较好的针对性和系统性,将有利条件、不利条件、可能潜力和风险制约因素置于同一框架,能克服常规规划方法中问题分析、目标分析、项目方案分析等环节互相分离的缺点。优劣势分析可以采用打分的方法进行,也可以采用文字描述的形式开展,或者两方面结合使用。

1.目的

①帮助人们在分析问题的基础上进行选择性的决策;

②帮助人们在问题分析与决策过程中更清楚地了解自身的条件和发展潜力;

③明确争取外部包括当地政府在内的支持方向或领域。

2.工具与材料

大纸、彩色记号笔、卡片、胶带等。

3.步骤

①组织不超过15人的讨论小组;

②向参与者清楚地介绍讨论的题目、主要内容和讨论方式;

③展示事先绘制的包含优势、劣势、机会和风险4列内容的表格

并解释其含义，如表4-9所示；

表4-9　优劣势分析表

项目	分析因素			
	优势	劣势	机会	风险

④用头脑风暴的形式收集参与者对表格内4个因素的意见和观点，并将结果填入相应位置；

⑤对结果讨论、分析、归纳、总结；

⑥标注时间、地点、参与者信息等内容。

4. 注意事项

①注意不要让少数人主导整个讨论，要通过写卡片或有针对性地提问尽量让所有参与者尽可能多地发言；

②在讨论过程中，注意不要将内部和外部因素混淆（如优势与机会；劣势与风险）。

表4-10和表4-11是优劣势分析表范例。

表4-10　优劣势分析

推荐领域	分析因素					
	优势	劣势	机会	风险	结论	排序
洋芋	5	4	3	5	17	2
中药材	3	3	4	2	12	5
蚕豆	4	5	5	4	18	1
育苗	4	4	4	3	15	3
养牛	4	4	4	3	15	3
养羊	4	4	4	3	15	3
养鸡	3	4	4	3	14	4
特种养殖	3	2	4	1	10	6

注：优势分数高表示优势大，劣势分数高表示劣势小，机会分数高表示机会大，风险分数高表示风险小。

表 4-11 优劣势分析(2002 年 2 月 1 日)

项目活动		优势	劣势	机会	风险	总分	排序
桑园	打分	35	21	32	26	20	1
	描述	有资源、有技术,见效快,投资少,农户大多可以养蚕	无标准化蚕室,缺建蚕室资金	有项目支持,市场需求大	资金到位不及时,易受天气影响		
种黄姜	打分	35	18	34	36	15	2
	描述	有土地,有技术,省劳力,不抢收	资金少,投入大	农村信用社信贷,国际项目支持	怕涝		
蚕沙保健枕	打分	21	20	30	22	9	3
	描述	有蚕沙原材料,有技术,有劳力	缺配套材料,如布、棉、药料	农村信用社信贷,国际项目支持。好卖	市场波动大		

说明:6 人参加打分,最高分 5 分,最低 0 分。妇女一组。

(五)选择方案可行性分析

选择方案可行性分析是帮助当地人对几种预选方案在社会、经济、生态、技术以及市场等方面进行分析决策的过程，是对预选项目的一种评价。选择方案可行性分析不是按照自己的偏好，而是根据自己掌握的信息和经验对其可行性进行客观的判断，以得出比较科学的结论。

1. 目的

①帮助社区中的人们进一步分析预选方案可能造成的正面和负面的影响；

②帮助社区进一步明确自身发展决策的优先顺序；

③明确争取外部包括当地政府在内的支持方向或领域。

2. 工具与材料

大纸、记号笔、卡片或纸条、图钉、胶带等。

3. 步骤

①组织不超过 10 名当地人在内的讨论分析小组；

②详细介绍讨论的必要性、内容、方式、步骤等；

③制作可行性分析表；

④邀请大家对不同的可行性内容以 5 分制分别打分；

⑤将各项预选方案得分分别统计总分；

⑥根据总分进行排序；

⑦标注时间、地点、参与者信息等内容。

4. 注意事项

①可以组织混合小组进行讨论，也可以专题小组讨论；

②注意不要让少数人主导整个讨论，要通过写卡片或有针对性地提问尽量让所有参与者尽可能多地发言；

③可以邀请参与者逐一上前在对应的空格内打分，也可以采用发卡片的形式背靠背打分并由主持人收集后记录到大纸上；

④根据参与者的具体情况，在难以取舍时，也可以使用小数(如 3.5 分、2.9 分等)。

有关图示如表 4-12 所示。

表 4-12　可行性分析

推荐领域		可行性分析						
		经济可行性	社会可行性	技术可行性	生态资源可行性	市场可行性	结果	排序
种植业	中药材	4.5	4.1	5	4	3.8	21.4	4
	设施农业	4	3.8	3.5	3.4	4.5	19.2	6
	油菜制种	4.8	2.7	4.8	4.5	4.8	21.6	3
	花椒	4.2	3.8	4.2	4	4.6	20.8	5
养殖业	育肥牛	4	4.1	4.9	4.6	4.5	22.1	2
	育肥羊	4.2	4.5	4.7	4.6	4.4	22.4	1
	奶牛	4.7	4.8	4.1	4.2	4.6	21.4	4
加工业	肉制品	4.3	2.2	3.2	3.9	4.4	18	7
	奶制品	4.7	1.8	2.6	3.5	4.7	17.3	8

(六)"H"形评价图

传统的评估方法过多地关注于技术层面,忽视发展项目活动对社区尤其是当地人在社会、生活等各方面带来的长期影响。"H"形评价是一种评估方法,它用可视化和民主评议的方法,调动群众参与对发展活动效果的讨论、分析,以打分和定性描述相结合的形式开展对特定项目活动或机构等对象的评价。

1.目的

①客观、真实地对评估对象开展定性的分析;

②对评估对象开展定量的评价。

2.工具

大纸、记号笔、卡片、胶带、图钉等。

3.步骤

①组织包括不同身份、不同性别在内的评估小组。

②详细说明讨论的目的、方法、步骤、意义等内容。

③由主持人协助大家讨论,明确需要进行评估的内容。

④将大纸折为两竖一横,然后展开粘在墙上,按折印画出"H"形,将纸分为4个空间。左面写缺点/问题,右面写优点/成绩。中间的上方写讨论题目和大家打分的平均数,下方写改进建议。中央的隔离线的左端上标"0"分,右端标"10"分,也可以分别画上哭脸、笑脸表示"非常不满意"和"非常满意"。

⑤可以首先请参加座谈的群众上来打分,然后请大家讨论发展活动的优点/成绩、缺点/问题,把大家交流的信息内容逐一写到大纸的适当位置上。

⑥对写出的文字内容进行充分讨论并与所有参与者核实后,如果大家对自己的打分没有变动,可以计算、写出平均分。

⑦最后针对缺点/问题,讨论并写出改进建议。

⑧与所有参与者回顾、总结。

⑨标注制作时间、地点、参与者信息等内容。

4. 注意事项

①主持人一定要保持中立，不能用先入为主的观点影响评估；

②鼓励大家独立思考，行使自己的民主权利；

③可以通过有针对性地提问及写卡片的形式避免少数人主导讨论过程；

④尽量在安静、不受打扰的环境里打分，如果条件不具备，可以把大纸钉在一个板子上，背朝大家，让人们一个一个地到板子后面打分；

⑤如果发现群众不好意思一开始就打分，也可以引导大家先谈缺点/问题，或先摆优点/成绩。然后，在全面讨论、分析、评价的基础上，请大家先后上来打分，计算、写出平均分。

有关图示如图 4-12 和图 4-13 所示。

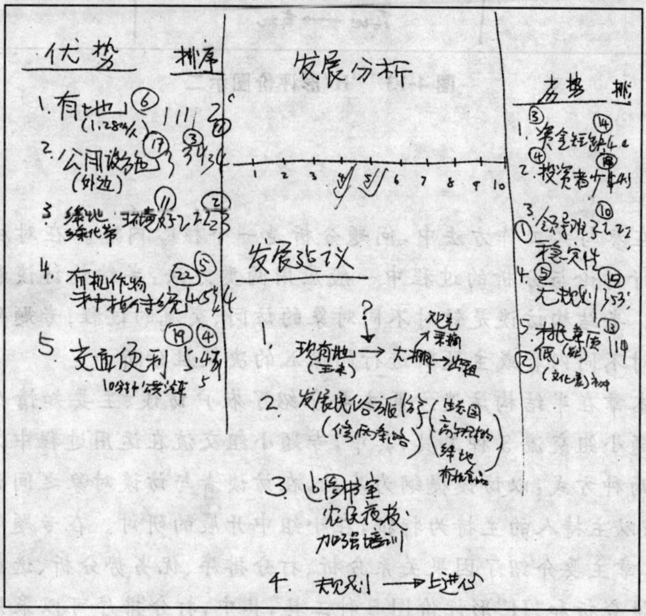

图 4-12　“H”形评价图示一

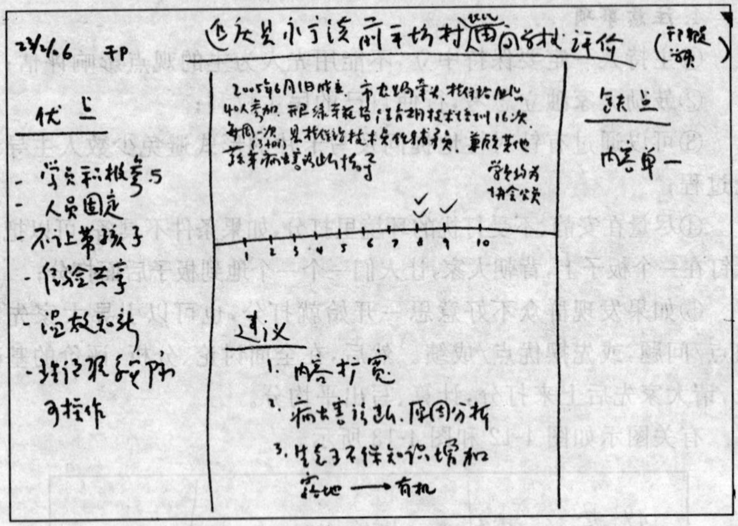

图 4-13　"H"形评价图示二

小结

在参与式工作方法中,问题分析是一个核心内容。在对社区问题进行讨论与分析的过程中一般应用两类方法:半结构访谈和专题研讨。半结构访谈是针对不同对象的访问、交流的过程;专题研讨则是针对不同内容或主题所进行的深入的决策性分析。

本章在半结构访谈方面主要介绍了农户访谈、主要知情人访谈与专题小组交流 3 种工具,其中,专题小组交流在运用过程中又可以分为两种方式:以访谈提纲为基础,在访谈者与访谈对象之间开展的访谈;以主持人的主持为特征,在小组中开展的研讨。在专题研讨方面,本章主要介绍了因果关系分析、打分排序、优劣势分析、选择方案可行性分析和"H"形评价图 5 种工具,其中,打分排序可以采用投票法和直接打分排序法进行。此外,除去本章所介绍的作用之外,打分排序也可以用于农户贫富排序中。但考虑到贫富排序更多的是针对农户社会经济状况的分析，所以放在目标群体分析中讨论。

一般来讲，问题分析与决策分析是联系在一起进行的，因为，在问题分析基础上进行的决策才能更加切合实际。

第三节　目标群体分析

众所周知，任何发展项目和发展措施都不是针对社区内所有人的，而要根据社区自身需求和外部机构的不同特征来确定有针对性的目标群体。目标群体分析是可能为社区提供服务的外部机构按照各自的标准对社区中的人们进行分析、筛选的过程，但在社区发展过程中，更强调的是目标群体进行自我分析的过程。

目标群体分析能够帮助人们更清楚地了解自己，明确自身所拥有的社会资本、发展所需要的支持条件以及获取这些支持的途径。

一、经济状况分析

经济状况分析是分析目标群体在社区中的经济发展水平以及所能发挥的作用及其影响。经济状况分析所使用的工具主要包括社区农户类型划分与农户贫富或生活状况排序。

(一)社区农户类型划分

社区农户类型划分是一种非常有实用价值的工具，它可以帮助社区分析当地的社会经济状况，包括收入结构、贫困程度、与外界的联系途径等大量的信息。同时，社区农户类型划分可以为项目实施过程进行监测和评估。

1. 目的

①了解不同类型农户的需求及分化状况；

②选择农户访谈对象或确定参与项目的农户；

③为发展过程或设计中的项目活动提供监测与评估的依据。

2. 工具与材料

大纸、记号笔、胶带、图钉等。

3. 步骤

①组织包括4～6名当地人在内的讨论小组(村干部、农民代表、妇女等);

②在大纸上方写明某县某乡镇某村农户类型划分;

③制作一个三栏的表格,在第一行分别填写“类型”、“特征”、“所占总户数比例”;

④讨论并确定农户分类类型(三类:好、中等、差;四类:好、中等、差、极差;五类:极好、好、中等、差、极差);

⑤讨论并确定农户分类标准(可以包括收入结构、劳力数量与质量、受教育情况、家庭负担、经营类型、债务、支出结构、生产生活设备等)与所占比例;

⑥与所有参与者核实,进行总结、回顾讨论过程并做必要补充;

⑦注明制作时间、地点、参与者。

4. 注意事项

①得出的结果不是人名单,而是分类的类型和标准;

②类型的划分应该完全按照参与者的意见并使用当地人熟悉的语言描述方式;

③尽量避免使用一些绝对化的、容易引起误会或不易在实际中获取的特征,如“银行存款”、“人均收入”、“人均支出”等;

④必要时可以在分类基础上讨论如“成功农户的经验”、“不同类型对发展的想法与需求”等。

(二)富裕程度排序

社区人群中由于等级地位的不同、生产和生活资料的占有不同、生产和经营水平的不同以及文化健康等方面的差异,通常在富裕程度上产生差别,而不同富裕程度的农户有不同的发展需求。富裕程度排序可以帮助我们进一步了解一个社区内所有农户之间的差异,其目的是将一个地域内的所有人口或每个村庄(自然村)根据贫困状况或经济条件进行排队，以便于项目活动及资金投入的优先选择。

1. 目的

①了解村内不同农户间贫富的差异并探讨其原因；

②为后续的农户访谈的抽样提供依据；

③为今后针对发展结果的监测与评估提供基础资料(依据农户排名的变化)。

2. 工具与材料

大纸、记号笔、卡片或纸条、胶带，村或组花名册。

3. 步骤

①邀请 4～10 名当地人(尽量包括来自不同自然村的代表及妇女)作为排序的参与者；

②每两人一组开展工作；

③将全村所有农户的姓名分别写在小卡片或纸条上(一人一张)；

④将写好名字的纸条或卡片交给参与者并请他们按照自己的观点进行贫富程度排队并标号(过程由参与者自己商量掌握)；

⑤将分类标准写出来；

⑥注明制作时间、地点、参与者等信息。

4. 具体操作方法

①事先在大纸上制作表格，将全村农户的姓名由上至下写在最左侧的栏内并在对应的横向画出 4～5 列纵栏(数目根据参与者人数而定)；

②所有参与者各自逐一在纵栏内为左侧的名单打分(按照事先定好的由贫至富或由富至贫的顺序，如 5 分表示最富，4 分表示较富，3 分表示一般，2 分表示较穷，1 分表示最穷，或相反)；

③在最右侧将每个名字后的分数相加，即可得到大致的贫富排序结果；

④就结果再次询问所有参与者，对不同意见进行讨论并对结果进行必要的调整；

⑤将分类标准写出来；

⑥注明制作时间、地点、参与者等信息。

5. 注意事项

①注意参与者的身份及性别比例，需要时也可分开男女小组进行排序；

②尽量在相对封闭与安静的环境进行排序，并注意不要中途打断参与者的讨论和排序；

③当排序出现较大的出入时，即对同一个农户不同的人排出的结果有最富裕和最贫困时，需要进行比较性的询问再次确定；

④根据发展项目活动的需要（如确定小额信贷的贷款户），在村民大会上将结果张榜公布；

⑤注意在后续的抽样入户调查中交叉验证，即与通过其他调查方法获得的结果相互核实。

有关表格如表 4-13 和表 4-14 所示。

表 4-13 农户类型划分

类型	户数	特点
好	12(10%)	跑运输，小包工，打工，经济收入较高
一般	22(18%)	打零工，摆小摊，蹬三轮车，教师等；基本能维持家庭生计，能够借贷款
较差	48(40%)	主要从事农业生产，零花钱主要靠养一头猪或羊，有一些外债，开支大于收入
差	38(32%)	10 户丧偶，老弱病残无劳动能力 12 户，其余无创收能力，有些孩子较多，欠债多，生活特困

表 4-14　农户类型划分

类别	分类指标	
	开展项目前	现在
好	• 住瓦房 • 有电视(黑白为主) • 人均纯收入 700 元左右 • 收入来源:养猪、打工 15%	• 住楼房 • 家用电器齐全 • 生活水平高(荤菜多) • 有卫生厕所(可洗澡) • 组合式卫生灶 • 有庭院经济 • 井、池、园配套 • 人均纯收入 1 400 元以上 5%
一般	• 土墙瓦顶(也有草房) • 人均纯收入 400 元左右 • 收入来源:养殖 • 劳力较少 50%	• 住瓦房 • 无欠款、无存款 • 有电视、电话 • 温饱无问题 • 养 4～5 头猪 • 人均纯收入 800～1 000 元 70%
较差	• 住草房 • 有娃娃念书 • 债务较多 • 人均纯收入 200 元左右 • 缺乏技术 20%	• 土墙瓦顶,房屋无装饰 • 周转不灵、欠银行贷款 • 黑白电视 • 主要成员文化水平低 • 养 2～3 头猪 • 人均纯收入 500 元左右 20%
差	• 住草房,面积小 • 生活依靠救济 • 五保户、缺劳力、残疾 15%	• 住土房或草房 • 温饱靠救济 • 五保户、缺劳力、残疾 5%

二、社会关系分析

社会关系分析是分析目标群体生计框架中社会资本以及对社区发展所发挥的作用及影响。社会关系分析所使用的工具主要包括社区农户流动图、机构联系分析图。

(一)农户流动图

农户流动图可用来作为衡量农户的知识、交往、自由度、开放程度、见识的指标。这既是一种信息收集工具,也是一种分析工具。在一个社区中,个体的活动空间往往与权力、与外部资源的接近程度密切相关。一般地讲,流动图很大程度上能够用于衡量农户或某个人在社区中的权威,分析农户贫穷与富裕的原因,分析性别差异与原因等。另外,可以用来分析农户的劳动力资源配置、劳动强度、不同性别的劳动分工,为设计今后的社区发展活动和合理配置发展资源提供依据。

1. 目的

①通过了解农户活动范围衡量不同农户与外界的交往能力;

②了解农户获取信息的渠道与方式;

③衡量不同农户与各类资源(服务、资金、社会关系等)的接近程度;

④分析贫富原因、性别差异、不同性别的劳动分工及劳动强度。

2. 工具与材料

大纸、彩色记号笔、铅笔、胶带等。

3. 步骤

①在一张纸的上方标明某户或某人流动图;

②在图的中心位置画一符号代表农户家,将活动内容按照实际方向和大致距离比例写在或用卡片固定在周围并用线段连接;

③在图上标出最远去过什么地方、去干什么、什么时间去的、方

式等，内容包括外出打工、走亲访友、做生意、赶集、看病、参加培训、生产活动、旅游娱乐、妇女回娘家、买生活用品等活动在什么地方、距离多远；

④在图上标出性别与活动频率(性别可用不同颜色线条标出；频率可用不同粗细的线条或加注文字的方式表达)；

⑤与农户就流动图所展示的结果进行讨论、简单分析与总结；

⑥补充修改流动图的内容，标明制作时间、地点、参与者。

4. 注意事项

①根据需要，可以分别询问丈夫和妻子、老年人和青年人，以了解不同性别、不同年龄和不同富裕程度的农户流动情况；

②对活动空间的范围，不必追求比例尺上与方位上的精确。

图 4-14 为甘肃省平凉市索罗乡姚王村西洼社(姚显，男)流动图。图 4-15 为甘肃省渭源县西川乡乡镇技术人员服务活动图。

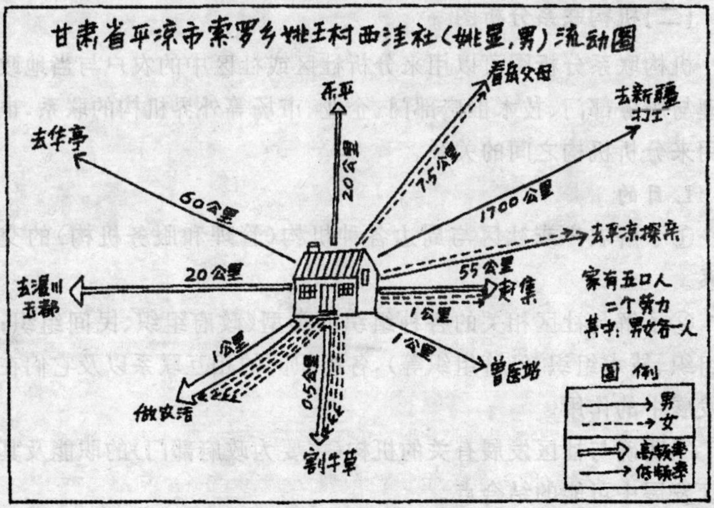

图 4-14 甘肃省平凉市索罗乡姚王村西洼社(姚显，男)流动图

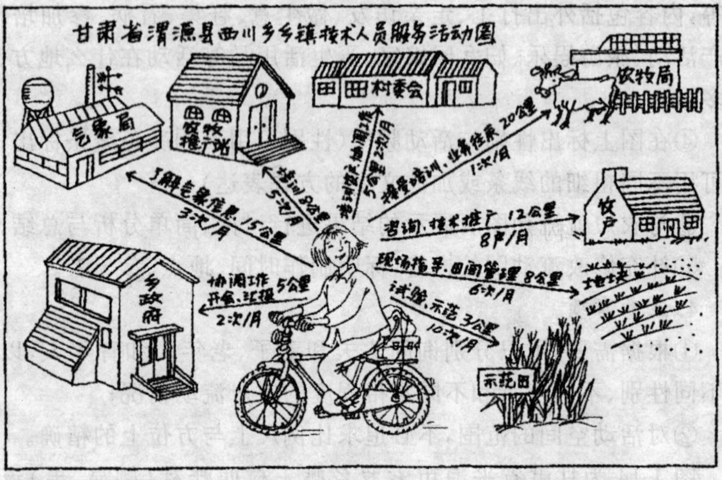

图 4-15 甘肃省渭源县西川乡乡镇技术人员服务活动图

(二)机构联系分析图

机构联系分析图可以用来分析社区或社区中的农户与当地政府管理与服务部门、技术推广部门、企业、市场等外界机构的联系，也可以用来分析机构之间的关系。

1. 目的

①了解农户或社区与周边各种机构(管理和服务机构)的交互关系。

②了解与社区相关的各种组织的类型(政府组织、民间组织；行政组织、技术组织、经济组织等)，各组织间的相互联系以及它们在社区发展中的作用。

③明确与社区发展有关的机构(主要为政府部门)的职能及其在社区发展中可能的结合点。

2. 工具与材料

大纸、彩色记号笔、卡片、胶带等。

3. 步骤

①在大纸上方写上某县某乡镇某社区(或农户)机构联系图;

②讨论并明确与社区发展活动有关系的组织机构;

③将社区名称标示在大纸的中间(写或贴卡片),将各类相关组织的名称写或放置在周围;

④在每个机构名称下用不同数量的"+"或"-"号表示与社区的主要关系或用不同粗细和颜色的线条表示;

⑤制作一张表格,注明机构名称、主要职能、对目前表现的评价、需求及建议,如表 4-15 所示;

⑥标注制作时间、地点及参与人员。

表 4-15　机构联系分析表

机构名称	与社区有关的主要职能	对目前表现的评价	社区的具体需求	建议

4. 注意事项

①注意讨论不同人对不同机构看法上的差异,争取达成共识;

②最好用线条表示关系,用表格表示对关系的分析。

图 4-16 为石灰沟村三树庄社机构联系图,表 4-16 为机构联系图(男人组),表 4-17 为机构联系分析结果。

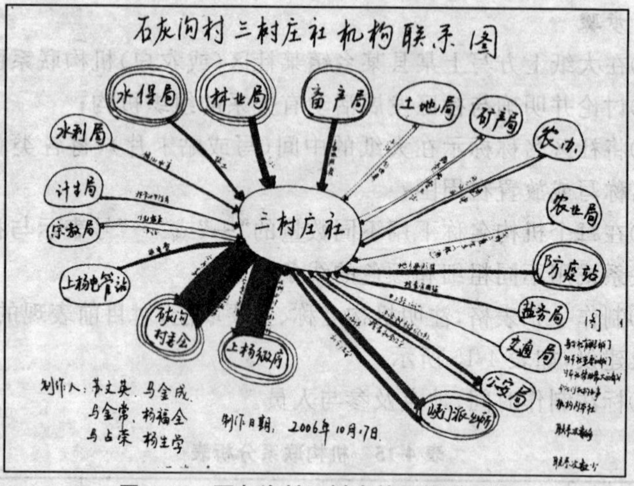

图 4-16　石灰沟村三树庄社机构联系图

表 4-16　机构联系图(男人组)

类别	机构名称	正面评价	负面评价
1	国际计划县办	提供项目各方面的支持，帮助村民发展(＋＋＋＋)	
	村委会	为村民提供服务(＋＋＋＋＋)	
	村发委	为村里争取项目，帮助村与村民发展(＋＋＋)	
	学校	教育儿童健康成长(＋＋＋)	
	联保小组	为小额信贷提供服务与支持(＋＋＋)	
2	镇政府	为村民提供服务及政策支持(＋＋＋＋)	个别干部工作作风差，影响政府形象(－)
	乡项目办	全力协调社区项目(＋＋＋＋＋)	
	乡卫生院	提供医疗服务(＋)	价格不合理，太贵(－)
	妇联	大力支持，协调社区项目(＋＋＋＋＋)	
	镇中心小学	孩子们就近上学(＋)	

注：类别中 1 为关系密切，2 为较疏远；评价中(＋)(－)为村民评价的程度。

表 4-17　机构联系分析结果

类别	机构名称	积极作用	消极作用	村民的期望
1	镇政府	• 产业结构调整(退耕还林、养殖等)的指导作用 • 聘请专业技术人员对村民进行指导(种植养殖等) • 争取项目或资金,发展社区经济	和有关部门协调不力,导致村民经济受到影响	争取扶持资金,搞发展项目(打坝、农灌蓄水池等)
	国际计划县办	• 帮助社区实施发展项目 • 提高村民实施项目的能力 • 提高村民的思想觉悟 • 提高村民的发展能力(技术、营销知识等) • 提高了村民(妇女、儿童)参与能力 • 改善了农村的生活、教育环境	工作程序烦琐,耽误村民的时间较多	• 家庭项目拓宽到其他贫困的非交流儿童家庭 • 小额信贷金额多一些,周期延长,范围扩大 • 扩招符合条件的儿童为交流儿童
	县妇联	• 通过培训,提高了妇女能力和地位 • 对发展家庭经济起到了重要作用 • 通过培训提高了村民的保健意识		• 保持现有的支持 • 扩大培训的范围(不同的技术种类)
2	林业局	• 退耕还林、草技术指导 • 保护生态环境 • 组织提供优良经济树种	树种质量有时不能保证	及时兑现粮食、资金补助,不打折扣

续表 4-17

类别	机构名称	积极作用	消极作用	村民的期望
	粮站	就近领取退耕还林补助粮	补助粮质量有时不能保证	保质保量，及时发放补助粮
	乡医院	• 及时给孩子打防疫针 • 就近治疗简单病 • 服务态度好	药品价格高、种类不全	合理收取医药费
	乡派出所	保护社会治安	不能积极配合村民办理相关手续	办事人员平易近人
	民政局	给困难户提供救济	有时有戴帽指定资金，给村干部造成不良影响	公平、合理地发放救济
3	农业局	• 农业技术指导 • 地膜等农业资金投入	不能因地制宜	因地制宜，增加农业资金的投入
	电力局	• 供电 • 农业电网改造	• 配合不积极 • 工作人员有腐败现象	提高服务质量
	畜牧局	• 牲畜防疫 • 引进优良牲畜品种（小尾寒羊等）	引进新品种时，种羊质量不高	

续表 4-17

类别	机构名称	积极作用	消极作用	村民的期望
	乡学区	• 合理分配教师 • 布点合理	对教师要求不严格	继续保持统考制度
4	乡税务所		收税不合理	希望合理收取税费
	老区办	• 提供扶贫资金 • 帮助实施扶贫项目	选择扶贫村时不合理	合理选择扶贫村
	水利局	提供水利方面的技术支持		争取水利项目、资金
	乡信用社/县农行	提供信贷资金	• 信贷提供不及时、不公平(个人关系) • 农业生产类信贷少,商业类信贷多	面向农民发放资金
5	村委会(VDC)	• 积极组织实施项目 • 制定村级发展规划 • 组织村民开展公益事业 • 调解本村民事纠纷 • 向广大村民宣传国际计划 • 组织村民制定项目管理规章制度	村干部有时办事怕惹人	• 带领村民尽快富裕起来(组织种、养、加工等培训) • 争取资金打坝 • 争取资金建农灌蓄水池

注:“类别”为村民认为该类机构与社区发展关系远近程度,1类最密切.依此类推。

小结

本节主要从经济状况和社会关系两个方面对开展目标群体分析的工具和作用进行了介绍。经济状况分析包括社区农户类型划分和富裕程度排序两种工具；社会关系分析包括农户流动图、机构联系分析图两种工具。除去经济状况分析之外，本章通过农户流动图说明并分析农户的社会交往能力；机构联系分析图从社区的角度对与社区发展活动有关的组织机构或相关群体的作用、影响以及社区在相关方面的困难、障碍和发展潜力进行分析。

第五章　农民培训计划的制订

农民培训计划的制订包括制订培训总体目标和具体目标、多年多期培训计划、单期培训班计划、培训课程计划内容。

第一节　制订总体培训计划

在结束培训需求分析之后，应该由培训者和培训管理者一起制订出一个适合本地情况而且切实可行的培训计划（也称培训的总体设计方案）。这是培训需求分析的产出。

制订培训计划的主要目的是使培训管理者做到心中有数，根据培训计划的先后顺序，使培训工作得以循序渐进、按部就班地进行。

一、制订总体培训目标

总体培训目标是指在培训需求分析结束以后，对培训对象和培训内容的总体把握。例如，根据中央西部大开发的总体部署，在进行培训需求分析的基础上，发现对省市区的领导干部的管理培训是落实生态农业、节水农业和高效农业的保证，开发不仅要考虑自然资源，还要考虑提高人们的教育水平和文化素质。因此，培训的总体目标是在特定的地域和人文背景下确定的，那就是：在西部地区开展对于省地市领导干部和技术人员的农业系统开发管理以及人力资源开发管理的培训活动。

二、制订总体培训计划

在确定总体培训目标的基础上，需要制订出总体培训长短期计划。此计划要将总体培训目标分解为一个培训包，这个培训包由多个相关培训班或领域组成。

如果是一个具有较大规模以及较高专业水平的培训中心，培训计划的重要性还在于它可以将培训计划以广告的形式向社会公布，以便吸引更多的学员参加培训活动。

根据具体情况，培训计划可分为长期培训计划和短期培训计划。两者没有时间上的严格界限。

一般来说，一个培训计划应有工作远景规划，它应与所在县、乡、村的发展计划相适应。同时，还应该有与其相适应的培训计划，具体列出近3年内或1年内所要进行的培训活动。内容包括：所要举办的培训班的名称、预计参加培训的人员和培训的时间及地点。长期培训计划和短期培训计划的格式如表5-1所示。

表5-1 长期培训计划和短期培训计划的格式

培训班名称	培训时间	培训地点	学员条件

在上述的培训计划中，重点是根据培训需求分析结果，在确定总体培训目标的基础上，对培训的内容和参加者以及大体时间和地点确定下来，具体在什么地方举办、几号开始、多少人参加在这里并不重要。

三、制订年度培训计划

年度培训计划指去年末或当年初制订的对一年的培训起指导作用的培训计划。制订年度培训计划需要按照培训需求分析的基本步骤进行。在对全乡农民培训需求调查和分析的基础上计划一年的培训活动，写出年度培训计划报告并列出年度培训计划表。年度培训计划一般要列出培训的月份、培训班名称等内容。

关于开展村级培训需求分析和制订培训计划的建议如下。

1.村级计划

(1)确定项目村　①乡、村干部会；②项目背景；③优势产业区；④传统技术集中区。

(2)选定自然村(乡村干部会)　①有代表性；②交通方便。

(3)确定不同类型农户(农民代表会)　①贫富分类；②性别分类。

(4)问题与潜力分析(农民代表会)　①问题树；②目标树。

(5)确定需要培训的项目(农民代表会)

①确定培训的产业(第一产业、第二产业、第三产业；农业产业、非农产业)：

- 目前在从事的生产活动；
- 将来可能从事的生产活动；
- 生产活动优先序；
- 打分排序；
- SWOT 分析。

②确定需要培训的领域(种植业、养殖业、非农产业)：

- 目前在从事的生产活动；
- 将来可能从事的生产活动；
- 生产活动优先序；

• 打分排序；
• SWOT 分析。

③确定培训的具体类别(例如种植业中是粮食作物还是经济作物,是蔬菜还是果树)：

• 目前在从事的生产活动；
• 将来可能从事的生产活动；
• 生产活动优先序；
• 打分排序。

④确定培训具体类别中的种类(例如粮食作物中是水稻还是玉米)：

• 生产活动优先序；
• 打分排序；
• 确定具体培训内容(水稻栽培还是病虫害防治)；
• 确定培训题目；
• 课程设计(课程提纲)。

2. 乡级计划

①相同类型的自然村计划合并；

②列出不同类型自然村计划；

③分类合并为行政村计划；

④将相同类型的行政村计划合并为乡级计划(机构与市场分析)。

第二节　制订具体培训计划

具体培训计划指按作物生长季或家畜生长周期所设计的培训班计划。

培训班计划是依据年度培训计划,在适时开展培训间距分析的基础上制订的针对具体题目举办的培训班计划。这个计划主要体现培训目标、培训对象、培训内容、培训时间、培训地点、培训教师和培训课程安排。制订培训班计划需要注意以下几个方面：

①以年度计划为指导，开展必要的知识与技能间距分析；

②培训对象要具体化，一般不提倡村里谁愿意来谁来的做法；

③培训教师一定要根据培训内容加以选择，专业技术员不等于合格的农民培训教师；

④培训内容不要过多，以实践操作为主，理论讲授为辅；

⑤培训地点选择靠近农民或农户集中的地方，以室外为主，室内为辅；

⑥一般情况下，培训时间以不超过1天为宜；

⑦培训材料最好是1～2页的明白纸。

培训班计划由两部分构成：培训班描述和培训班日程。

一、培训班描述

培训班描述是将一个具体培训班定位并对其进行介绍，它包括下列内容。

1. 培训班名称

培训班名称是依据技能差距分析的结果，在培训范围界定的基础上由培训者和培训管理者一起确定的。培训班的描述应尽可能具体化，最好说明培训的主要内容、培训的类型和培训的层次。例如："耕作的基本理论和方法"、"化肥的田间施用方法"、"水稻病虫害防治中喷雾器的使用技术"等。通常，通过培训班名称，读者可以明白培训的主要内容，以及与其相适应的被培训者的知识层次和水平。

2. 培训班背景

培训班背景主要描述为什么要设计和举办这个培训班以及学员可以从中受到什么益处。例如，关于"水稻田的鼠害防治"培训班的培训班背景可以这样描述："此班主要是为农民有效防治水稻田中的鼠害而设计的。水稻生产技术的调查结果表明，鼠害是影响本地区水稻产量的主要因素之一。为了使农民对鼠害进行有效的防治，本培训班包括一系列关于鼠害的预防和防治技术，如果此类技术被应用于水稻生产，预计增产幅度可达20%”。

当然，在进行培训班描述的时候，关于增产幅度的描述要尽可能慎重，因为它受到很多因素的影响。

3. 培训班目标

(1)确定具体培训目标　具体培训目标一般是指培训班目标。从某种意义上说，培训是为了满足被培训者的学习需求的一种活动。一旦确定了被培训者的培训需求，就要明确培训所要达到的目标和内容。这个目标就是培训者和被培训者一起制订并加以实现而又可以检验的培训结果。

(2)具体培训目标的作用　培训目标是进行有效培训的基础。培训目标对于培训者和被培训者来说同等重要，其作用表现为以下3个方面：

①帮助培训者制订和开展满足被培训者知识和技能需要的培训计划和培训活动；

②使被培训者清楚培训结束时所被要求达到的水平；

③有助于培训者和被培训者对培训和学习效果的评价。

因此，培训目标一旦被确定下来，它应该是学的指南、教的指南和评价的依据。

(3) 具体培训目标的描述　一个完整的培训目标应包括以下3方面的内容，即行为、标准和条件，如图5-1所示。

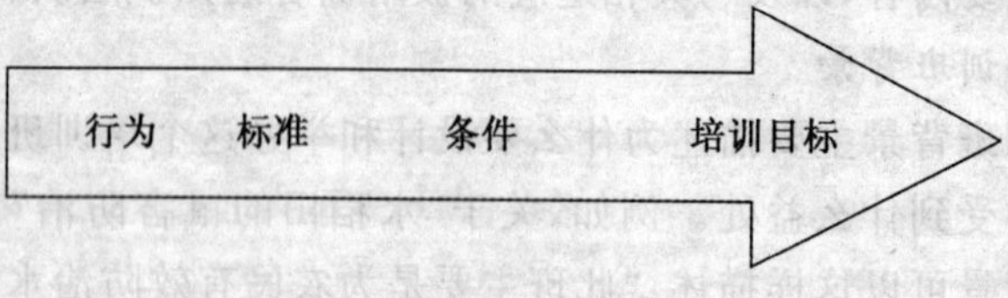

图5-1　培训目标的三要素

①行为的描述:所谓行为,是指在培训结束后被培训者的行动表现。通过培训,被培训者应该能够做某些事、从事某项活动,根据此项活动或某项任务的完成情况,人们可以对被培训者的学习效果进行检验。例如,在培训需求分析结束以后,培训者根据某一个地区的饲养奶牛的农民不会手工挤奶,因此决定举办一个手工挤奶培训班。参加者是完全不会挤奶的饲养奶牛的农民。对于这个培训班,培训目标可以写成,在培训结束以后,学员将能够为奶牛挤奶。这里,"挤奶"就是行为。

②标准的描述:所谓标准,是指所要实现的行为的指标。上述的行为描述仅说明了培训结束时或结束后学员将能够做某事,并没有说清楚做得如何才达到预想目标。如上例所列的内容"能够为奶牛挤奶"这个行为并没有说明挤奶的熟练程度。因此,为了使目标具有客观可检验性,在目标描述中要强调标准,这个标准包括 3 个方面,即数量、质量和时间。

根据上述要求,我们可以将上例"能够为奶牛挤奶"改写为,"能够在 5 分钟内安全卫生地完成一头奶牛的挤奶工作"。其中,"5 分钟"表示时间,"安全卫生地"表示质量,"一头奶牛"表示数量。

③条件的描述:所谓条件,是指在什么情况下被培训者所应表现出的行为。"条件"在这里是对特定的环境或制约因素的表述。例如,在上面的事例中,挤奶员是否按照正确的质量控制标准进行的操作,如奶牛的姿势、挤奶员的穿着和所在位置等的要求。因为这些直接影响牛奶的质量。对条件的规定是对卫生质量和安全的保证。

因此,如果将手工挤奶培训班的目标描述完全,应该是这样一句话:在培训班结束以后,学员将能够在严格按照质量控制标准进行准确操作的情况下,在 5 分钟内安全卫生地完成一头奶牛的挤奶工作。

所描述的培训目标是指要求被培训者去做的事情而不是培训者要做的事情。因此,一般的描述方式应该是:

①开头语为在培训结束以后,学员将能够……;

②描述目标的语言要简明；

③在描述目标时最好只包括一个学习结果；

④制订尽可能少的培训目标；

⑤写完培训目标后，检查是否包含了行为、标准和条件三要素，检查是否做到客观、可观察、可检验和具体化；

⑥培训目标的分解。

制订长短期培训计划需要在培训需求分析结束以后确定培训班的名称。举例来说，通过培训需求分析，发现某地区的农民在水稻生产中缺乏植物保护方面的知识，需要在此领域内对稻农进行培训。这时候，培训者需要具体设计出培训班的名称。这个培训班的名称可能是："在水稻生产中杀虫剂的使用"、"水稻病虫害组合防治"等。

在确定培训班名称并制订了具体培训目标之后，需要进行培训内容的确定。确定培训内容的基本依据是培训需求分析结果和根据培训需求所制订的具体培训目标。在此基础上进行培训目标的分解。培训目标的分解过程就是培训内容的确定过程。

根据层次结构，培训目标一般可分为 3 个层次，即结果目标、阶段目标和专题目标。结果目标是培训需求分析的结论性目标，描述被培训者的最终行为以及在培训结束时所应达到的标准和必要的条件。结果目标包含了阶段目标和专题目标。

阶段目标是结果目标的分解，即实现结果目标的分目标。只有通过阶段目标的实现，才能达到结果目标。像结果目标一样，阶段目标也包括行为、标准和条件 3 个要素。专题目标是阶段目标的分解，是实现阶段目标的前提。在某种情况下，专题目标可以作为课程目标。

3 种目标层次的关系如图 5-2 所示。有时候，如果专题比较具体化，可以省去阶段目标这一层。

一个结果目标包括多少阶段目标，一个阶段目标包括多少专题目标要根据具体情况而定。

下面用一个事例说明目标层次分解的应用方法。

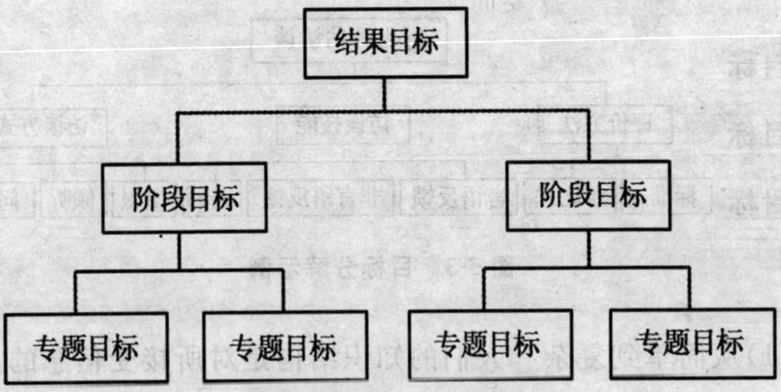

图 5-2 目标层次分解

根据培训需求分析及技能差距分析的结果，某地区农业推广人员缺乏有关评估采访的技能，而这种技能是农业推广人员在开展农业推广工作时应该掌握的基本技能。现在先拟定出此项培训的结果目标是：在一间具有一张桌子和两把椅子的屋子里，按照推广工作所要求的标准，开展 20 分钟的评估访谈。

为了达到这一结果目标，培训者根据自己的知识水平和技能差距分析结果认为，需要 3 个阶段目标才能达到预想的结果目标。这 3 个阶段目标分别为：解释两种评价方法，演示访谈技能和熟练运用访谈方式。

为了达到上述 3 个阶段目标，各自的专题目标为：评价方法包括标准式评价方法和对比式评价方法；访谈技能包括提问技能、言语反馈技能和非言语反馈技能；访谈方式包括说服方式、倾听方式和问题解决方式。

将上述目标分解的结果简略地画出来，如图 5-3 所示。

根据以上的目标分解，便可以列出此培训班的主要内容框架。

组织培训内容是在目标分解之后，根据不同目标层次所涉及的内容来进行的，主要指确定培训内容的先后顺序。

4. 组织培训内容时的原则

组织培训内容时要遵照的 3 条原则是：

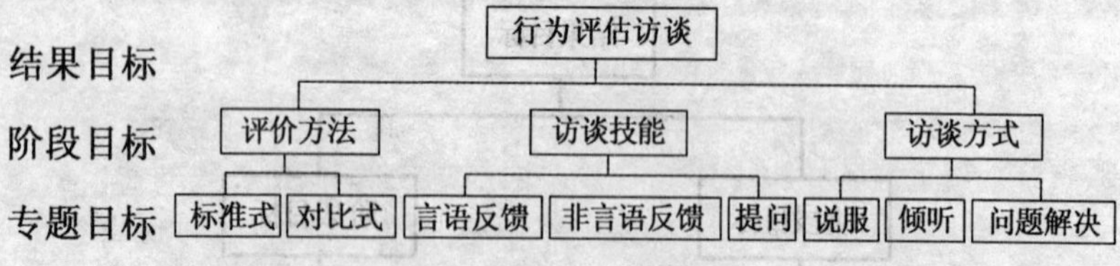

图 5-3 目标分解示例

(1)从简单到复杂　人们的知识结构是对所接受信息的加工而形成的,这种加工过程是逐步的、循序渐进的过程。为此,人们形成了固有的从简到繁的学习规律。在组织培训内容时要遵循这一规律,这样可以使人们易于接受。在计划培训班的培训内容时,先从比较简单的内容开始,然后在学员理解的基础上再进行较复杂的内容,这样可以增强学习者的学习兴趣和自信心。

(2)从一般到特殊　总体来说,人们对一般化的概念往往比较熟悉,容易理解。所以,在培训内容的安排上,在讨论一些具体内容时,最好从一般性问题或概念开始。例如,如果要讲解某个特定家畜病害的防治方法,可以先从人们熟悉的常见病害开始,然后讨论常见病害的防治方法与某个特定病害的关系。这样,因为人们理解了一般病害的发病原因,对于某些不常见的致病微生物的介绍就会容易接受。从宏观到微观,从概括到具体的原则应该贯彻到内容组织的过程中。

(3)从已知到未知　这是学习理论中阐述的学习规律之一。这条学习规律告诉我们,在组织培训内容时,要了解学员现有的知识水平,在此基础上调整培训内容。在旧的知识上建构新的知识需要一个过程。培训者应该充分意识到这一点,从而为学员的新旧知识点搭起桥梁。

培训班目标主要根据培训的主要内容而定。在确定培训班目标时,首先要考虑培训班大体包括哪些主要内容以及内容之间的联系。

培训班目标的确定要考虑培训的主要内容,它是培训内容具体化的前提。下面以水稻田的鼠害防治培训班为例说明培训班目标的具体描述。

在培训班结束以后，学员将能够：

①鉴别目前水稻田中4种主要危害水稻的老鼠；

②根据症状诊断是由昆虫、病害还是鼠害造成的田间危害；

③选择适当的防治技术；

④准确地应用鼠害防治技术进行防治。

5.培训对象

在培训需求和技能分析时，培训者已经对培训对象心中有数了。在这里主要是对培训对象的进一步明确，或如有必要适当扩大一些范围。因此，要阐明哪些人适于参加此次培训班的学习。当然，培训对象依各地区情况的不同而有区别。有时候，培训对象描述中也包括培训费用的说明。如下例："此培训班主要针对××乡的示范农户。凡种水稻的农民如感兴趣也可报名参加。培训费用由乡政府负担，学员负担食宿和交通费。"

6.培训地点和时间

培训地点和时间应该写得详细、具体。例如，"此培训班定于2000年11月5～6日在××乡农业技术推广站的培训中心举办。培训期限为2天。11月5日上午9:00开始，11月6日下午4:00结束。"

7.培训辅导员及联系人

除上述一些必要说明之外，还应阐明担任培训的教师是谁以及谁负责联系，以便学员提前报名或联系。例如，"担任此班的主讲教师是本乡农业师王爱农和李秋生，联系人是赵春明。联系地址：××乡农业技术推广站培训中心（乡政府旁边）。电话：62037861。"

以上培训班描述可以用于各种目的。它可以作为广告在报纸上发表，在乡广播站广播，也可以通过开会等其他方法发给有关农民。当然，其中大部分内容也是必须提前设计和计划，并且有必要在培训班开始时进行介绍的。

二、培训班日程

培训班日程是一定期限内的培训班中每天培训内容的具体安排。它包括两种形式:整个培训班的日程安排和每天培训内容的具体安排。

制订培训班日程应考虑以下 3 个因素:

①培训的时间及每天的作息时间安排;

②培训内容的安排;

③培训的辅助性活动安排。

下面分别加以叙述。

1. 培训的时间安排

培训时间一般应遵照当地的习惯。例如,有的地区早晨 8:00 上班,有的地区 8:30 上班。下午开始和结束时间根据地区不同也有差别。具体作息时间最好与学员在培训班开始时一起商定。

在培训的整体安排上,一般不占用周末时间。如果时间较长的班,可以在周末安排适当的旅游、参观活动;如果有些内容要分为讲授和讨论或讲授和操作两部分,讲授最好安排在上午进行。一般来说,整个培训班的培训时间尽可能安排在两周以内完成。

2. 培训的辅助性活动安排

培训日程安排中不要忘记安排一些娱乐活动或室外实习参观活动,这样有利于培训的调节,提高培训效果。

3. 培训内容的安排

培训内容的安排取决于培训教师对学员的熟悉程度和学员对培训内容的理解程度。培训内容是培训班日程安排的中心。对于刚刚从事培训工作的培训教师来说,最好采用目标分解的方法来确定培训的内容。

综上所述,根据培训目标分解的结果,将培训内容细化,便可以列出培训班日程。例如,上面提到的关于行为评估访谈技术培训班的一周日程安排如表 5-2 所示。

表 5-2　行为评估访谈技术培训班日程表

时间	星期一(21 日)	星期二(22 日)	星期三(23 日)	星期四(24 日)	星期五(25 日)
8:00～10:00	开幕式 学员介绍培训班目标	标准式评估方法	访谈技能问卷	行为评估访谈方式(说服)	20 分钟访谈实践
10:00～10:30	休息	休息	休息	休息	休息
10:30～12:00	行为评估概述	对比式评估方法	实践练习 言语反馈	行为评估访谈方式(倾听)	20 分钟访谈实践
12:00～14:00	休息	休息	休息	休息	休息
14:00～16:00	行为评估的步骤	实践练习	实践练习 非言语反馈	准备 20 分钟访谈	20 分钟访谈实践
16:00～16:30	休息	休息	休息	休息	休息
16:30～18:00	工作分析	结构化访谈	实践练习	准备 20 分钟访谈	培训班评价 闭幕式
18:00～19:30	休息	休息	休息	休息	休息
19:30～21:00	自由安排	电影	晚会	自由安排	自由安排

第三节 培训课程计划

培训班日程是关于整个培训班的教学活动计划安排，而培训课程计划则是实施培训班教学活动计划的具体蓝图或方案，它一般由授课教师或培训班主持者制订。

一、培训课程计划的内容

由于培训者的特点和习惯不同，培训课程计划也不尽相同。但是，无论采取什么格式，一般都要包括以下几项内容：培训班题目、培训对象、课程题目、培训者、课程目标、时间、内容要点、培训方法、所需培训材料、培训活动与教具的运用、学员作业和评价方法。

因此，不难看出，培训方案是由所有单个的培训班描述和培训日程表组成的，而培训日程表的细化便是培训课程计划。课程计划是培训者在讲课之前经过认真考虑讲课的内容、学员的情况和组织管理学习过程的步骤之后制订的，它是培训者授课或管理学习过程的指南。

1. 课程目标

课程目标是指培训课程结束后培训者要求学员达到的目标。这个目标从学员学习角度出发，可以称为课程学习目标；从培训者培训的角度出发可以称为课程培训目标。无论怎样，课程目标应该是培训者和被培训者一致同意并一同为之奋斗的目标，它是教与学统一的体现。

对于培训者来说，制订课程目标有如下几点好处：

①制订了课程目标也就等于完成了大部分的教学准备工作，因为教学内容是依照课程目标来确定的；

②制订课程目标的过程可以使培训者认真考虑讲课内容，从而

去掉那些与教学目的关系不大的内容；

③避免培训者的不合实际的目标；

④学员了解课程目标，便可明确自己的学习任务、要求达到的水平和检验标准，于是激发学习的积极主动性。

严格地说，课程目标应该由培训者首先提出来，然后征求学员的意见之后确定下来。课程目标一经确定，就不再是培训者的主观愿望，而成为培训者和被培训者的努力方向。因此，对于培训者和被培训者说来，作为培训目标的组成部分，课程目标应该是用以检验培训和学习效果的标准尺度。从这个意义上说，课程目标应该是具体的、可衡量的，并可实现的。因此，一个好的课程目标应该符合以下几个条件。

①具体：无论学员或培训者都能准确地理解，不能含糊不清。

②可衡量：学员培训后的行为具有可检验性。

③可完成：目标的确定要考虑学员可达到的水平。学员经过努力仍达不到的目标不利于激发学员的学习动力。

④连续性：使学员了解目前水平、经过努力要达到的程序以及将来的方向。

在制订课程目标时，培训者应该回答下列一些问题：

①我要教会学员一些什么内容？

②学员学了这节课之后，能够做什么？

③怎样说明学员能够做这些事了？

以一个为技术员设计的关于显微镜的安装使用课的课程目标为例，它的课程目标是这样制订的。

“在课程结束时学员应能够做到：

①识别显微镜的基本组成部件；

②描述各基本部件的功能并进行操作；

③描述显微镜的工作原理；

④正确安装 100 倍、400 倍和 1 000 倍的显微镜镜头；

⑤清洁显微镜光学部分常规程序的正确操作；

⑥显微镜的安全操作及存放。”

2.课程内容要点

作为培训者，应该根据培训目标，决定所应包括的内容，并且善于区分哪些是学员一定要掌握的内容，哪些是学员应该掌握的内容，哪些是学员可以掌握的内容。将内容部分分成这3部分后，便可以在有限的时间内做出适当的调整。也就是说，一定要掌握的内容“一定”要教给学员。如果有时间，还应包括“应该”掌握的内容。如果还有时间，还应包括“可以”掌握的内容。在内容的组织方面，要注意以下两点。

①分别确定课程目标所需的知识、技能和态度的内容：知识和技能的教学点这里不再赘述，而态度主要指实践的安全性、操作的认真程度和适度性。

②确定内容的逻辑关系：无论如何，态度和技能都要求严格的逻辑化。先表述什么，后表述什么，再表述什么等相互关系一定要清楚，有条理。

3.时间

任何课程，无论题目大小，都有一定的时间制约。分配好各部分内容的时间对于培训的效果起着关键的作用。对于新的培训者来说，常常出现的情况是要么时间不够，要么准备的内容讲完后不知如何应用剩下的时间。因此，预先计划好时间是很重要的。时间的计划可分为两个方面：一个是根据内容所做的整体时间分配。例如有3个方面的主要内容，根据学员的需求和内容的要求哪部分应该分配大约多少时间。另一个是在有限时间内的内容结构化。对于一个具体的课程内容来说，一般要分为介绍、主体和结束3部分。当然，总的原则是主题部分要占更多的时间。根据讲课的内容是理论还是技能方面，在时间分配上也有差异。

4. 所需培训材料

培训材料包括教学辅助设备和投影仪、幻灯片、教材、粉笔、黑板、白板、摄像机、课堂上所应用的教学辅导材料、工具及其相关用品等。这些都应该列入课程计划内，以便做好充分的准备。

5. 培训活动与教具的运用

在课程计划中，一般要单独列出“培训技术与教具的运用”一项，指的是在课程计划中要反映所准备的培训材料与课程内容相配合所运用的时间和培训者提问或回答问题的时间安排。在准备培训内容时，要一起考虑教学辅助设备的有效运用以及学员参与的鼓励和师生的相互作用过程。只有这样，培训过程才会显得条理分明，安排从容。

6. 学员作业

一般情况下，课程内容的讲授和练习应辅之以一些适当的作业。这些作业有些需要学员在课堂上完成，有些需要在课程结束之后完成。在课程计划中写明学员作业，有利于学习过程的整体组织安排。

7. 评价方法

每个单元或每个专题课程都应有相应的评价方法来检查学习效果。例如，观察、模拟结果、操作测试或笔头或口头测试。在制订课程计划时，最好应写清楚所应用的评价技术及其手段。

8. 培训方法

在课程计划中要对每一单元或每一节课的内容进行分析，确定相应的培训方法。一定要避免完全灌输式的讲课模式。

二、培训课程计划的编写

这里的课程计划主要指课程安排计划。课程安排计划主要包括以上所列的主要内容，根据培训班题目和课程题目对培训单元进行具体安排，主要采用的格式如表 5-3 所示。表 5-4 为一实例。

表 5-3　课程安排计划表

<table>
<tr><td colspan="4">培训班名称：</td></tr>
<tr><td colspan="4">课程名称：</td></tr>
<tr><td colspan="4">时间：</td></tr>
<tr><td colspan="4">培训课程目标：在培训课程结束以后，学员将能够
①
②
③
④
⑤</td></tr>
<tr><td>内容要点</td><td>培训方法</td><td>时间分配</td><td>所需材料</td></tr>
<tr><td></td><td></td><td></td><td></td></tr>
<tr><td colspan="4">实践练习或田间实习：</td></tr>
<tr><td colspan="4">学员作业：</td></tr>
<tr><td colspan="4">评价方法：</td></tr>
</table>

表 5-4　课程安排计划表举例

培训班名称:水稻栽培			
课程名称:施肥技术			
时间:3 小时			
培训课程目标:在培训课程结束以后,学员将能够 ①收集分析土样; ②识别主要肥料类型; ③确定施肥数量; ④鉴别植株营养缺乏症			
内容要点	培训方法	时间分配	所需材料
土样收集程序 主要肥料类型 土壤分析和施肥标准测试	示范 讨论 示范/实践	30 分钟 30 分钟 2 小时	铁锹、样本盒 肥料样品 土样/测试工具
实践练习或田间实习:去水稻田收集土样,观察植株症状,进行实地土壤测试			
学员作业:通过分析土样和植株样品,确定营养缺乏症			
评价方法:比较实习结果			

小结

农民培训计划的制订包括制订总体培训计划(多年多期培训计划)、具体培训计划(单期培训班计划)和培训课程计划。总体培训计划(多年多期培训计划)、具体培训计划(单期培训班计划)是公开的培训计划,培训课程计划是辅导员自己上课或组织活动日的计划,目的是指导自己,是自己如何开展教学活动的具体安排。

第六章　撰写农民培训需求调研报告

农民培训需求调研报告是培训辅导员或调查者对整体调研过程的总结，也是上级了解调研过程的一个重要文件。对于培训辅导员来说，如何写好一篇高质量的农民培训需求调研报告是每一个人需要认真思考和研究的一个题目。

第一节　农民培训需求调研报告写作概述

一、农民培训需求调研报告的特点

一般来说，农民培训需求调研报告不是单纯为了写作而写作，所写的报告要真实、要具体、要有逻辑性。与其他文体不同，农民培训需求调研报告有以下几个鲜明的特点：

1. 真实性

真实性指所写报告的内容一定是调查者培训需求调研操作过程的真实记录，是调查者真情实感的表达，绝不能生编、套用或抄袭别人的报告。

2. 相关性

相关性指所写的报告内容一定与所调查的内容相关，可以是对调查内容的解释，也可以是对调查过程的丰富和补充。

3. 实证性

实证性指通过实际观察或亲身体验所得到的、对在调研中发现问题和结论的实际的证明和确凿的验证。

4. 逻辑性

调研报告应该根据调研过程有顺序地描述事件和结果，整体报告要体现调研开始和结束的完整性。

5. 规范性

规范性或称规定性，指所写的报告的题目、内容、体例和篇幅都有统一的标准。一旦脱离了所规定的标准，报告就会变得多种多样，杂乱无章。

二、农民培训需求调研报告的写作要求

(一)基本要求

一篇农民培训需求调研报告一定要有调查者亲历的事例以及在此基础上的分析。另外，应该力求做到主题鲜明、观点明确、结构合理、条理清晰、段落分明、论据充分、文字流畅、叙述完整和联系实际。这里需要着重指出的是结构合理和叙述完整。

一般来说，从结构层次上要求做到 4 点，即基本过程、问题分析、总结体会、结论建议。这 4 点结构层次非常重要，如果掌握了这 4 点结构层次，就能把握一篇农民培训需求调研报告的基本框架。

大多数初学写作的人往往不能叙述完整，即使了解事件的全过程，也不能叙述完整，原因在于不习惯从读者的角度去构思和描述，以为自己清楚了的细节读者也会清楚，其实不然。在这里之所以强调案例的完整性，是因为它是分析的基础。只有将过程叙述完整，才能进行合理的深入的分析。另外，还需要注意文章末尾的总结，如同演讲的结构一样，最后的总结对于整篇文章来说至关重要。一篇好的农民培训需求调研报告要求做到以下 10 点：①主题鲜明；②观点明确；③结构合理；④条理清晰；⑤段落分明；⑥论据充分；⑦文字流畅；⑧叙述完整；⑨引文适当；⑩联系实际。

(二)格式要求

一篇好的农民培训需求调研报告一定要在内容和格式上很规范,这种规范体现在报告的开头、正文和结尾部分。农民培训需求调研报告的写作格式如表 6-1 所示。

表 6-1 农民培训需求调研报告的格式构成

基本格式	报告细节
开头	①标题
	②署名
	③单位
正文	①调研背景
	②调研目的
	③调研方法
	④现状分析
	⑤问题分析
	⑥培训需求分析
结尾	①主要结论
	②建议
	③附录

按表 6-1 的顺序分别阐述如下。

1. 标题

标题是一篇报告的缩影与提示,直接体现报告的宗旨,它是报告中心内容的反映。拟定标题应该注意以下要点:

(1)文字简练　标题不要写得很长,尤其是农民培训需求调研报告的标题要尽可能写得简练,含义确切。要尽可能使得标题能够将报告的主要内容确切而生动地表现出来,要能够引起读者的注意,又要避免误解。

俗话说,文不对题,意思是说题目与内容不符。造成这种结果有两种可能的原因，一是题目写得不好，另一种是内容不扣主题。在农民培训需求调研报告中往往是命题作文，因此更重要的是理解题目。

(2) 体例规范　在所给定的标题完全阐明报告的主题时，可以增加副标题，这会使得所表述的含义更加明确。如果有主标题和副标题，报告的主标题可作为论点，副标题作为对主标题内容的补充说明或界定。副标题前面要用破折号。

一般来说，标题的长度不超过20个字。标题中不要出现标点符号，也不允许用缩写词。需要注意的是，如果用主标题能表述清楚的报告最好不用副标题。

2. 署名

署名是作者对报告拥有版权或发明权的声明。署名是一种荣誉，同时也是一种责任。在农民培训需求调研报告中更多的是一种责任。这种责任是法律和道义上的责任。所谓文责自负，其含义是如果在文章中出现任何问题或错误，署名的人要负责任。有人不愿意动脑筋，习惯于在网上下载别人的文章，然后签上自己的名字交作业，这是一种剽窃和抄袭行为，是对自己的一种不负责任。要知道，抄袭照搬别人的成果就像偷了别人的东西一样，如果被发现，是一件很难堪的事情。

3. 作者的单位

在农民培训需求调研报告中最好能够写上自己单位的名称，这样有助于读者了解报告中所描述的内容。

4. 调研背景

调研背景是正文开始的部分，是报告的前言或导论。调研背景一般用来描述写作背景和意义，帮助读者做好进一步阅读报告正文的准备。

要求将二手资料分析的内容在调研背景内做简短介绍。

5. 调研目的

调研目的一定要表述清晰，即为什么要开展这次培训需求调研。

调研目的是对调研内容的基本界定。

6. 调研方法

调研方法要写清楚在调研过程中所用的方法，例如问卷、小组访谈等。另外，最好写清楚选点抽样的过程和依据。

7. 现状分析

现状分析是叙述调查者自己亲历的调研操作程序，是调研过程中的内容、问题或事件。调研过程一般反应调研结果。例如，可以包括调研农户的基本信息；生产现状与问题分析；农业生产资料的购买与市场营销；农业推广与农民培训等调查内容的叙述和所得到的调查结果。

8. 问题分析

根据调查情况找出所存在的问题或造成问题的原因，指出解决问题的关键所在。问题分析需要基于与农户和专家讨论的过程和结果分层次叙述，要有针对性和逻辑性。在问题分析时，不是只将问题树做介绍，而是将所用的所有工具得到的结论性结果进行综合叙述。问题分析是需求分析的基础。

9. 培训需求分析

一般根据问题分析才能确定农民培训需求。培训需求分析，在问题分析的基础上根据目标和目前行为表现，梳理澄清农民真正的培训需求。需要注意的是，农民培训需求并不一定是农民所说的话，而是通过分析所确定的真正需求。一般来说，农民培训需求是与现存问题紧密相连的。

10. 主要结论

主要结论其实是对调研过程和结果的概括，是报告要点的归纳和提高，是全篇报告的精髓所在。结论应力求做到文字简短意赅，内容上有自己的相对独立性。结论绝不是对报告中各种意见的简单合并和重复。只有那些经过充分论证，能断定无误的观点才能作为结论写出来。结论需要做到精练准确，与问题和需求分析前后呼应。

11. 建议

建议是在结论的基础上调查者为政府或有关部门提出的政策层面上的意见和建议，是为提高社区产业发展和满足农民培训需求所应采取的一些措施。需要注意的是，政策建议切忌空喊口号，要针对实际情况提出具体并有可操作性的意见或建议。

12. 附录

附录包括的内容是不宜放在正文中的一些参考内容，例如，图片、照片、访问农户的名单、相关文件等内容。

第二节 农民培训需求调研报告的写作过程

一、农民培训需求调研报告的构思

在开始进行农民培训需求调研报告写作之前，首先需要认真思考，在头脑中形成基本框架。构思阶段一般包括以下4个部分：

1. 明确主题

明确主题就是在开始写作之前要明确自己究竟要写什么。

2. 理清思路

报告不仅要做到言之有理，而且要做到言之有序。报告中的主题思想如何表达，对事物的发展过程如何叙述，对所涉及的问题如何进行分析论证，只有进行认真的思路整理，才能避免报告的思路不清的问题。

3. 整理材料

这里的材料是指在调研过程中的记录，特别是可视化的记录。要根据主题和思路，确定哪些方面写得要细，哪些方面可以简略地叙述。一般来说，对那些认为最能表现主题的要写翔实，其余的要略写。材料的主次详略，要服从主题的需要。材料失当，会影响主题的阐述和分析的深度。

4. 酝酿框架

在酝酿框架过程中主要是需要根据理清的思路编拟写作提纲。编拟写作提纲的过程也是进一步构思的过程。构思的时候多在提纲上下功夫才能做到“胸有成竹”，在写作的时候才能得心应手。

二、农民培训需求调研报告的起草

在开始成文之前，最好先打一个草稿，这个过程称作起草。起草是作者将自己的设计构思草拟成文，将无形的思想变成有形的文章的环节；是将模糊的、混乱的、未成形的思路明朗化、条理化的过程；是一个将原有的命题、创意、构思、布局不断加以调整、补充、修正和完善的过程。

在起草时，除去那些基本特征之外，要注意以下几点：

(1)突出主题　主题是文章的灵魂，是报告内容的核心。主题的证明和表达，是论文写作所要完成的主要任务。在结构的安排、材料的取舍、语句的选择等方面都要以阐述主题为目标，否则就会使文章支离破碎，杂乱无章。

(2)内容充实　突出主题其实是要做到论点鲜明，但一篇好的报告不仅仅是论点鲜明，而且还要论据充分。在论述一个主题思想时，不要忘记一定要有充分的证明作为依据。

(3)结构完整　要注意上下文、分节、分段、节与节之间、段与段之间的联系与衔接。要注意用好关联词、过渡句。要做到文章结构与内容间承上启下、前后照应，首尾圆合，浑然一体。

(4)语言朴实　很多人写文章总想堆砌辞藻，这是一个不好的习惯。写报告是给别人看的，要通俗易懂、准确、简明、通俗、质朴，避免故弄玄虚、华而不实。当然，语言朴实不等于说口语，因为口语是面对面的交流，可以随时补充和修正。文章不一样，当别人读起来，没有办法随时与作者进行交流。所以，要求写文章要力求语言简练、描述准确，也就是说，要用书面语言写文章。要力求做到用词恰当、格式规范、语意明确、句意严谨。

三、农民培训需求调研报告的修改和定稿

当报告写完后，要进行检查。检查内容包括改正一些标点，拼写和语法错误，删去那些不必要的或不常见以及意思含混不清的字，按逻辑顺序和段落大意进行必要的语句修改。做到结构合理、内容清楚、观点明确。修改论文一般要通过改、调、删、增等不同处理方式，达到使报告准确、鲜明、生动、简练、富有逻辑等目的。

修改报告一般有以下几种方法：

(1)读改法　读改法顾名思义是通过阅读来发现错误进而进行必要的修正。一般来说，一篇报告写完后至少作者自己要读两遍。在阅读的过程中，尽量将可有可无的字句删除。

(2)求助法　这种方法是当自己写完之后，将写完的草稿交给别人，请别人帮助指出问题，通过征求别人的意见自己再进行修改或请别人直接进行修改。有时候，很明显的错误自己不能发现，别人却很容易识别。不过，请别人直接修改要特别小心，注意不要待别人修改后已经不是自己想表达的意思了。

(3)搁置法　写完之后先不看，等过几天再看。这种方法能够使作者在头脑清醒冷静的时候客观地发现原来不能发现的问题。

在以上构思、起草、反复修改多次的基础上最终才能定稿。只有经过这样的程序写出来的报告才有希望达到高质量。

小结

写好农民培训需求调研报告的关键是重视培训准备和培训过程的实施，特别是认真做好可视化访谈记录。农民培训需求调研报告更多的是根据报告格式对可视化记录的整理。

附　　录

附录一　农民田间学校培训需求调研程序与内容

(一)调研的总目标

①掌握本区域产业发展背景；

②核定主导产业发展及发展方向；

③明确主导产业发展的资源、问题和解决途径；

④了解农民产业发展的现状、实际问题与需求；

⑤确定农业产业发展的培训需求；

⑥提出本区域产业发展建议；

⑦制订农民培训计划(多期培训计划、单期培训计划、培训课程计划)。

(二)调研程序

1.入村前的准备工作

①二手资料的收集与分析；

②调研内容计划(参考求贤村计划表、增加问题收集表)；

③调研工作计划；

④通知及材料准备。

2.进村后

①介绍调查者及被调查者、来意；

②分组实施：干部组 3～5 人，主导产业农民组 10～15 人，综合组 10～15 人；

③调查对象基本信息；

④根据内容计划分项调查；

⑤填写问题收集表(问题分析表、机构联系图、“H”形图、季节历等)；

⑥调研现场小结。

3. 调研资料整理

①调研资料(信息)的整理分析(问题树)；

②反馈调研结果；

③制订培训计划；

④形成农民田间学校培训需求调研报告。

(三)二手资料收集与整理

二手资料明细如附表1所示。

附表1　二手资料明细表

资料内容			获得手段(部门)	备注
发展规划	区县农业发展		区县农委	
	区县畜牧发展规划		区县动监局	
	区县种植业发展规划		区县种植业服务中心	
	新农村建设发展规划		新农村建设办公室	
	乡镇发展规划		乡镇政府	
	村发展规划		乡镇政府	
乡镇及重点村资源资料	土地资源	土地总面积、耕地、保护地、林地、草地等	统计局、县志、乡镇经管站(经统科)	区承担单位提供全区产业发展情况，辅导员落实乡镇
	人力资源	人口结构及文化程度		
乡镇及重点村经济状况	收入结构	产值、户均收入、人均收入、收入主要来源	乡镇经管站	
	产业结构	一产、二产、三产比例	乡镇经管站	

续附表 1

资料内容			获得手段(部门)	备注
乡村组织	协会、合作社		民政局、工商局、经管站	
作物/畜牧生产现状	作物/畜种规模	区县种植业生产/畜种场、户数及存栏	区县种植业中心/区县动监局	
		乡镇农户种植规模/各畜种场、户数及存栏	乡镇经管站	
		村农户种植规模/村各畜种场、户数及存栏	乡镇农业服务中心/兽医站	

(四)产业发展及培训需求调研工作计划

①调研具体目标(每次)关;

②调研工作计划的内容。

调研工作计划的内容格式如附表 2 所示。

(五)产业发展及培训需求调研内容计划

1. 干部组

(1)村产业发展基本情况　如附表 3、附表 4 和附表 5 所示。

(2)产业发展具体情况

• 畜种、存栏、年产、收入、纯收入、投入;

• 投入:种类、金额、所占比例、比重、投入;

• 农资购销:种类、购买渠道、方便程度、质量、问题、原因、建议;

• 产品销售:产品、销售渠道、销售地点、方便程度、价格、问题、原因、建议。

(3)合作组织　名称、成立时间、会员数量、服务内容、运行状况、效果、问题、原因、建议。

附表 2　调研工作计划的内容格式

<table>
<tr><th rowspan="3">时间</th><th rowspan="3">地点</th><th colspan="5">人员</th><th rowspan="3">调研方法</th><th rowspan="3">材料</th><th rowspan="3">经费</th></tr>
<tr><th rowspan="2">调查者</th><th rowspan="2">领导</th><th colspan="3">对被调查者的要求</th></tr>
<tr><th>干部组</th><th>主要产业组</th><th>综合组</th></tr>
<tr><td></td><td></td><td>落实到姓名</td><td>支持、协调</td><td></td><td>人数；年龄；文化程度；养殖畜种、年限、规模；决策人</td><td></td><td>小组座谈（10～15人）、知情人访谈（人数随机）、农户访谈（样本量）</td><td>大白纸、记号笔、胶纸、相机、卡片</td><td>根据实际预算</td></tr>
<tr><td></td><td></td><td></td><td></td><td></td><td></td><td></td><td></td><td></td><td></td></tr>
</table>

附表 3　村产业发展现状统计表

	一产	二产	三产
劳动力			
产值			
产值比例			

附表 4　村养殖业结构

畜种	户	养殖方式	存栏	年产

附表 5　村种植业结构

作物	面积	亩产	商品量

(4)农业培训与技术推广

• 农民培训：形式、内容、方法、组织部门、频次、参加培训的人数、培训效果、问题、原因、建议。

• 技术推广：形式、组织部门、技术种类、采用率、效果、问题、原因、建议。

(5)村级服务人员　种类、人数、服务内容、服务数量、建议。

2. 农民组

(1)基本信息　如附表6、附表7和附表8所示。

附表6　被调查者基本信息

姓名	性别	年龄	文化程度	家庭人口	劳动力	从事养殖人员	电话	村名

(2)畜种生产指标(产蛋率、产奶量、产胎率、成活率等)

(3)养殖意愿(现状与将来)——现在养什么？合适否？将来想养什么？并对养殖意愿进行排序，为什么这么排？

(4)合作组织(有无、发展程度、评价)

(5)推广培训——生产发展的信息来源、联系机构

(6)市场营销——现状和意愿的表达

(7)生产资料供应(饲料、兽药)

(8)基础设施(圈舍)

(9)生态环境控制——粪污处理

(10)农民对现行政策的了解情况和他们的意见与建议

(11)目前存在的问题、将来的发展设想

(六)农户访谈清单(关键点)归纳

1. 准备

(1)制订访谈工作计划　①明确目标；②确定范围。

(2)制订访谈内容计划(提纲)

附表 7　被调查者基本信息——产业结构

畜牧业			种植业(亩)			水产业		其他	家庭	各产业及收入比例			
畜种	规模	年限	种类	面积	年限	水面	年限		年毛收入	种植	养殖	水产	非农

附表 8　被调查者基本信息——主导产业基本情况

A　主导产业——蛋鸡

品种	去年存栏	育雏方式	雏鸡成活率	成鸡日补料量(只/克)	补光时间	年平均产蛋率	成品料		投入成本			毛收入(元)
							自配	购买	雏鸡	药	料	

B　主导产业——生猪

品种	现存栏	养殖方式	基础母猪数	平均窝产仔数	平均年产胎数	出生重	断奶日龄	仔猪保育条件	60 日龄成活率	配种方式	饲喂方式	分几阶段饲养	年出栏数	出栏日龄	出栏重

消毒周期	清粪方式	成品料来源		投入成本(元)					毛收入(元)	有无生产记录
		自配	购买	饲料	兽药	水电	人工	其他		

2. 访谈过程

①介绍自己，说明来意；

②尊重对方，平等交流；

③访谈者的分工合作；

④引导农户多谈；

⑤注意倾听；

⑥思路清晰，围绕目标谈主题；

⑦控制访谈节奏和时间。

3. 结束

①概括性总结；

②忌承诺；

③感谢。

（七）小组访谈关键点清单

1. 准备

(1)提前走访

(2)制订访谈工作计划　①明确目标；②确定范围。

(3)制订访谈内容计划(提纲)

2. 过程

①介绍自己，说明来意；

②尊重对方，平等交流；

③访谈者的分工合作；

④主持人主持过程中，做可视化记录；

⑤给每个人发言的机会；

⑥语言语气贴近农民；

⑦要有幽默感；

⑧注意倾听、适当引导；

⑨主持人注意节奏和时间；

⑩突出主题、灵活应变；

⑪注意阶段性小结。

3.结束

①结束前概括性总结；

②感谢。

(八)调研过程推荐使用的工具

①头脑风暴；

②排序；

③打分；

④问题收集分析表；

⑤问题树；

⑥目标数；

⑦季节历；

⑧机构联系图；

⑨“H”形图；

⑩半结构访谈。

(九)产业发展与培训需求调研总结报告格式

(1)调研背景

(2)调研目的

(3)调研方法及调研过程

(4)调研主要结果与问题分析

①农户基本信息；

②村基本情况（地理交通、人力资源、土地资源、产业结构、收入来源、组织）；

③机构联系状况；

④种植业基本结构和收益分析；

⑤主要农作物生产现状分析；

⑥农资购销；

⑦农民培训与技术指导。

(5)产业发展建议

(6)培训计划

①多期培训计划；

②本期培训计划；

③课程计划。

(7)附件 访谈记录、照片、被访者基本信息等

附录二 大兴榆垡镇求贤村调研计划

1.调研基本情况介绍(吴建繁处长负责)

(1)调查者介绍 市、区、乡镇和村里参加人员。

(2)调研目的 市级新农村建设点，是市农业局的联系村，调研重点围绕新农村建设中的需求开展调研。

(3)调研分组

①干部组。王德海教授主持，尹光红副处长协助。

②男农民组。魏荣贵科长主持，张晓晟协助。

③女农民组。肖长坤科长主持，吴建繁处长协助。

之后按照分组情况，分别到指定的会议室参加座谈。

2.调研内容

(1)参加人员基本信息 如附表9所示。

(2)新农村建设规划(村干部组)

(3)新农村基础设施建设(村干部组，社区资源图) 如附表10所示。

(4)机构联系图

附表9　参加人员基本信息

姓名	性别	年龄	家庭人口	家庭主业	收入比例（种植、养殖、其他）	联系电话

①你知道有哪些和农业生产和农村发展相关的机构？

②你和哪些机构有联系？

③联系的密切程度如何？联系的方向，是你去找还是他们上门来？

④你认为需要加强的机构是什么？为什么？

(5)产业现状与发展

①产业分类(一产、二产、三产)(村干部，二手资料)

②劳动力分配(一产、二产、三产)(村干部，二手资料)

③收入及结构(一产、二产、三产)(村干部，二手资料)

④种植业结构：如附表11所示。

⑤主要作物技术选择与分析：如附表12所示。

⑥畜牧业结构：如附表13所示。

⑦主要技术选择与分析：如附表14所示。

⑧农资购销：如附表15所示。

⑨产品销售：如附表16所示。

⑩二、三产业发展(村干部组)：如附表17所示。

⑪合作组织：如附表18所示。

(6)农民培训与技术推状

①农民培训：如附表19所示。

②技术推广：如附表20所示。

③村级技术服务人员：如附表21所示。

附表 10　新农村基础设施建设状况

	有、无（统计知晓的人数）		数量	农民满意程度（发卡片，打分 0～10 分）	为什么（排序，分析前 3 个和后 3 个）	建议
道路交通						
水、电设施						
太阳能、节能吊炕等新能源						
医疗、卫生：社区卫生站（所）						
文化活动中心、礼堂（广场）、全民健身器材与场所						
数字家园						
村邮站						
垃圾处理站、污水处理站						
绿化、亮化						
生产设施：温室、大棚、农机具、灌溉设施设备等						

附表 11 种植业结构

作物种类	栽培方式	面积/全村	亩产/斤	亩投入/元	单价/(元/斤)
蔬菜					
西甜瓜					
花卉					
小麦					
玉米					

作物排序：按照播种面积选择前 3 种进行具体分析。

附表 12 主要作物技术选择与分析

类别	名称	来源	农民满意程度（发卡片，打分 0～10 分）	为什么（排序，分析前 3 个和后 3 个）	建议
品种					
育苗					
栽培管理					
病虫害防治					
施肥					
灌溉					

附表 13 畜牧业结构

畜种	养殖方式	养殖规模（全村）	年产胎数（产蛋量）	窝产仔数	年出栏数	投入/元	产出/元
羊							
蛋鸡							

畜种排序：按照播种面积选择前 3 种进行具体分析。

附表 14 主要技术选择与分析

类别	名称	来源	农民满意程度（发卡片，打分 0～10 分）	为什么（排序，分析前 3 个和后 3 个）	建议
品种					

附表 15 农资购销情况表

种类	购买渠道	方便程度	质量状况	问题	原因	建议
种子	小商小贩上门销售					
	本村销售点					
	县城农资超市					
	农技部门销售					
化肥						
农药						
有机肥						
农机						
饲料						
兽药						

附表 16 产品销售情况表

种类	销售渠道	销售地点	方便程度	价格差异	问题	原因	建议
蔬菜	地头小贩						
	批发商						
	直接到市场						
	合作组织						
西甜瓜							
粮食							
鸡蛋							
羊							

附表 17 二、三产业发展(村干部组)情况表

类别	从业人员数量	产值	问题	原因	建议

附表 18 合作组织情况表

名称	成立时间	会员数量	服务内容	运行状况	效果	问题	原因	建议

附表 19　农民培训情况表

培训形式	培训内容	培训方法	组织部门	培训频次	参培人数	培训效果	问题	原因	建议
远程教育									
集中授课									
电视录像									
爱农驿站									
实用人才培训									

附表 20　技术推广情况表

推广形式	组织部门	技术种类	采用率	推广效果	问题	原因	建议
试验示范							
观摩交流							
技术咨询							
科技赶集							
科技套餐							
技术资料							
手机短信							

附表 21　村级技术服务人员情况表

	人数	服务内容	服务效果	建议
协调员				
技术员				
信息员				
示范户				
防疫员				
水管员				

(7)管理民主

①村民委员会；

②村民参与决策程度；
③村民选举；
④账目公开；
⑤补贴政策和数额公示。
(8)乡风文明
①邻里和谐；
②治安状况；
③教育程度；
④村民健康医疗保障。

附录三 大兴榆垡镇求贤村社会主义新农村建设农民需求调研报告

一、调研背景与目的

大兴区榆垡镇求贤村是2007年全市新农村建设重点示范村；是市委、市政府确定的2008年农口系统新农村建设市农业局重点联系村。该项工作由赵根武局长总牵头，沙松平副局长总负责，局科教处和办公室负责组织协调，各有关业务处、站参加对口帮扶工作。为全面掌握该村新农村建设的整体发展现状，摸清农民在新农村建设中的生产、生活以及科技服务需求，以制定我局具体帮扶方案提供科学依据，于2008年8月14日组织开展了本次调研。

二、调研方法与过程

1.调研人员

本次调研由科教处组织，科教处吴建繁处长、尹光红副处长和张晓晟博士等负责调研二手资料的收集和调研方案的制定，以及调研前的准备和调研过程的组织实施。局办公室李文海主任，机关党委梁玉文副书记，局蔬菜处张立新，市推广站王永泉副站长，市畜牧兽医总站陈余副站长、技术推广科科长魏荣贵，市植保站培训科科长肖长坤等参加了全程调研。大兴区农委汪学才副主任，科技科安虹、裴昕以及榆垡镇政府王自峰副镇长等参与了调研。本次调研特别邀请了中国农业大学王德海教授指导并主持部分调研。

2.调研方法与过程

本次调研采用农村参与式评估方法。在进村调研前，分别向大兴区农委、经管站、榆垡镇农办收集该村基本情况，局能源生态处、粮经管理处、蔬菜管理处分别提供了求贤村产业发展相关资料。在收集二手资料的基础上，制定了详细的调研访谈提纲。由于求贤村蔬菜种植是主导产业，访谈农民选择以蔬菜种植户为主。为详细了解农民对村基础设施建设、主导产业发展、农民生产技术水平和培训等方面的情况，将访谈农民分成 3 组，4 名村干部组(第一组)，由王德海教授主持访谈、尹光红副处长协助。19 名农民分成两组，其中一组(第二组)由魏荣贵科长主持访谈、张晓晟协助；另一组(第三组)由肖长坤科长主持访谈、吴建繁处长协助。其他调研人员分散在 3 个小组中。访谈采用了半结构访谈、头脑风暴、问题收集、打分排序、机构联系图等工具。村农民访谈半天，3 个调研小组利用半天时间共同交流讨论并分析调研结果，以小组为单位分别撰写小组调研报告，在此基础上形成调研总报告。

三、调研结果发现与问题分析

(一)调研农户基本信息

本次访谈农民共 24 名，在村里有较好的代表性。从身份上看，有 4 名村干部(男性)、19 名有当地户口的农民；从性别上看，17 名男性、3 名女性，可见该村劳动力以男性为主；从年龄结构上看，平均年龄 48 岁，50 岁以上的农民占 37%；均为来自不同家庭的主要劳动力；从劳动力结构上看，有 18 户农民均从事蔬菜种植，占受访农户的 90%，符合该村主导产业特点；从收入结构上看，18 户农民收入均 100%来自于种植业，1 户农民收入靠发展养殖，1 户农民兼营小商品和农资零售。

（二）调研村庄基本概况

求贤村位于镇政府偏西南、芦求路与榆垡路交汇处，距镇政府 2 公里；是镇域总规划中心村之一，辖区总面积 5 731 亩，其中村庄占地 738 亩。种植业是该村主导产业，现有耕地 3 652 亩，其中农业设施占地 1 300 亩，包括竹架大棚 830 个，日光温室 150 个，露地作物占地 1 000 亩左右。其他非农产业比较薄弱，其中二产以来料加工、小型化工为主；三产以个体运输、外出务工为主，基本没有形成二、三产业体系。该村现有农户 580 户，常住人口 1 790 人，其中农村劳动力 1 000 人以上，非农业人口 200 人左右。2007 年村民人均纯收入 8 590 元，比 2007 年大兴区农民人均纯收入（9 079 元）略低，也低于榆垡镇周边临近村。从收入来源上看，一产约占 65%，二产占 10%左右，三产占 25%左右。二产内部，来料加工、小型化工业各占 50%左右。三产内部，上班收入占 50%左右，运输、打工收入各占 25%左右，上班工资性收入平均 700～800 元/月，与从事设施农业相比，年收入差距不大，甚至不如务农收入。

（三）新农村基础建设与问题分析

2007 年初该村成为市级新农村建设示范村以来，各级政府累计投入资金 1 500 万元左右。

1. 主要完成的基础设施建设

①修建公路 59 561 米。

②铺设给水管线 22 000 米、排水管线 38 169 米；实施自来水改

造工程，农民深水井安全用水率100%。

③村庄安装太阳能路灯232盏；户装太阳能热水器553台、户建节能吊炕386铺，热水器、吊炕安装率分别达到90%、80%左右。

④村里建成1座太阳能洗浴中心，主要为解决村民冬天太阳能热水器温度偏低问题。

⑤户厕改造550户，改造率100%；村里建成了1座公共厕所。

⑥建成入村环岛标志1处，开展环村林、村庄道路绿化、公共绿地建设。

⑦建成1个600多平方米的文化活动中心、1座900多平方米的礼堂和附近2 000平方米的文化广场。

⑧建成1个村邮站、1个信息化数字家园。

2. 农民满意度评价与问题分析

村干部和受访农民对新农村基础设施建设满意度评价略有差异。村干部一般从强化村容村貌、全村受益面广的公共设施方面评价满意度，而村民多从方便、实用方面评价满意度。

村干部组对修建公路、安装太阳能路灯、改造村自来水和污水管道等3个项目满意程度最高；对节能吊炕、改厕、太阳能浴室和洗浴中心等工程满意程度一般；对村庄绿化、文化中心（礼堂、广场）、数字家园等3个项目满意程度最低。

村民二组对厕所改建、吊炕、卫生服务站、新建剧场（小剧团及锣鼓队）等3个项目满意程度最高；对村网络室、太阳能浴室、图书室等3个项目满意程度最低。

村民三组对村邮站、绿化植树、新建剧场等3个项目满意程度最高；对社区医疗服务站、健身器材及球场、文化中心等3个项目满意程度最低。

由上可见，农民最关注方便生活、改善环境、提高身心健康的基础设施建设。村干部最关注改善村整体面貌和环境的工程。

在访谈中农民反映最强烈，也是最迫切需要解决的基础设施方面的问题有5个：一是迫切需要修建温室田间道路，现在田间道路均为土路，下雨田间道路泥泞不堪，人和车辆不能进地，影响生产管理和商贩进地收购农产品，影响农产品及时销售和农民收入。二是滴灌及相关设备不配套，现有滴灌系统集中统一泵水给水，统一记录耗电，电费平均摊给各户，导致农户用水灌溉不均等但电费均摊，村民认为现有滴灌费水费电，不如用自家电表地下水漫灌方便。此外，滴灌管出水孔间距多为50厘米，与栽培作物间距不符(一般为20～30厘米)，导致每株作物不能均匀获得有效供水，影响作物正常生长。因此，几百亩的保护地安装滴灌后基本处于闲置状态，农民根本无法使用。三是农机器具方面，主要是大型农机价格太贵，个人买不起，租用费用比较高，而政府补贴的机具买不到。四是迫切需要建设村沼气工程或生物质气化工程，降低农民现有燃煤和液化气使用成本，农民反映每月用液化气仅做饭就要100多元，太贵了。五是加快村民旧房改造或翻盖，村里还有约1/3的农户仍在20世纪七八十年代的旧房或危房居住，由于缺少积累无力翻盖，希望政府能给予帮助。

(四)新农村生产发展

生产发展是新农村建设的基础。本次调查中，调查组重点调查了求贤村主导产业的有关情况，并进行了评估。

1.种植业基本结构和收益分析

设施蔬菜种植是求贤村的主要产业，占到大农业生产份额的90%，目前以竹架大棚和温室为主，其中大棚占设施栽培面积的80%左右，温室约20%。从种植蔬菜种类上看，参加调研的农民均以种植番茄为主，占到整个设施蔬菜种植的70%左右。倒换茬口的时候适当种植少量西瓜、茄子、黄瓜、芹菜、豆角等。温室栽培以番茄和黄瓜为主，芹菜、豆角等以大棚栽培为主。

产量不高是蔬菜种植收益不高的重要原因。农民反映温室和大棚产量水平差异不大，区别主要在生产、供应季节和价格水平上。以

2007年番茄生产为例，大棚和温室亩产都在5 000公斤左右，但大棚番茄的平均价格为每斤0.3元左右，温室番茄则可达到每斤0.6元，扣除温室多投入的每亩1 000元，温室番茄的生产效益仍然比大棚每亩多收入2 000元。

产品缺乏竞争力，增产不增收是收益不高的另一个重要原因。与村干部共同分析，造成产品竞争力差的原因主要有3个：一是大路产品多，反季节精品少，收购价格较低；二是竹架大棚设施档次低，秋冬季节生产受限；三是生产方式落后。村里没有组建任何农民合作经济组织，也没有龙头企业带动，村民生产产品无订单，无稳定销售渠道，村边地头商贩收购占到村里农产品销售量的40%左右，其他60%基本上也以一家一户跑市场(新发地、沙窝)为主，单打独斗弱势特征明显。

2.主要作物种植生产现状与分析

按照农户种植规模和在家庭经济收入中所占比重，对主要作物种类番茄、西甜瓜和芹菜的技术选择和应用状况进行了调研与分析，主要对品种、育苗、栽培管理、病虫害防治、施肥和灌溉等重点技术环节进行了讨论分析。

(1)番茄种植技术现状与分析　栽培品种随意性大，缺少主导和优势品种是求贤村在设施番茄品种选择上的突出问题。以2007年番茄种植为例，参加访谈的农民没有几家品种是相同的。农民选择栽培品种的依据主要是根据经验和亲戚、朋友介绍，种子来源渠道比较分散，难以形成规模优势，销售价格容易被商贩控制而影响收入。

在育苗环节上，当地农民均是购买种子后自己育苗，由于技术水平不高，许多在育苗期间应该采取的防治措施都没有采用，是造成后期疫病难以控制的原因之一。

病虫害是影响番茄生长和产量的最明显的原因，也是调研农民最关心的问题。尤其是在农药使用上，一方面，农民难以判断农药的真假；另一方面，由于不能深入了解农药的特性和使用方法，用药技术上有很大缺陷。农民反映,都是叶片发黄,但有的是从上往下黄,有的是从下往上黄,用同一种药不起作用,结果就是农民只好频繁更换农药品种,不断加大使用剂量。用药的次数偏多,有害生物防治方面轻防重治,农产品质量安全难以保证。

农户都不清楚土壤的肥力,也没有参加过测土配方施肥,在灌溉施肥方面,农户主要依靠自己的经验进行。大部分农户在番茄生长期都是每7～10天漫灌1次水,每亩大约需要1小时,耗电8～9度,随水冲施复合肥每亩20公斤左右,定植前每亩还基施有机肥4方,复合肥200斤。从技术上分析,农民的施肥和灌溉措施都不尽合理,过多的肥水投入不仅容易造成病害易发生,而且还浪费了资源,降低了效益,对环境带来潜在的危险。但由于灌溉、施肥处理措施的效果显现往往需要一段时间,甚至需要进行一定的经济分析才能体现出来,因此,农户满足于自己现有的经验而意识不到存在的问题。

(2)西瓜种植技术现状与分析　西瓜种植技术方面,农民最急需的是育苗技术,他们认为育苗是关键,目前主要是散户育苗,他们缺乏这方面的技术;其次是有害生物识别与防治技术,特别是缺乏蚜虫的防治技术,另外,炭疽病发生比较严重,生产上普遍使用常规药剂多菌灵进行防治;最后是栽培管理技术方面,主要是农户坐果灵使用不当,产生畸形果,坐果率低,而且没有掌握西瓜嫁接技术,导致嫁接成活率低。

(3)芹菜种植技术现状与问题分析　芹菜由于生育期短,相对来说问题较少,技术方面农民最不满意的是温湿度管理问题,关键是湿度没法控制,容易造成倒伏;其次是品种和施肥技术,一直沿用老品种,施肥完全凭经验,效果不太好。有害生物防治方面主要是黑斑病,一般用2～3次杀菌剂能够控制。

①生产发展现状:

a. 主导产业类型。农业是村里的主导产业,设施农业是农业内部的主导产业,占到生产份额的90%。

b.主导品种。番茄是设施农业的主导品种，占到设施蔬菜总面积的70%左右，本次调研农户均以种植设施番茄为主；西瓜、茄子、黄瓜、芹菜、豆角等，是和番茄倒换茬口的配套栽培品种；除番茄外，芹菜、豆角为大棚栽培其他常用品种，黄瓜为温室栽培主要品种。

c.设施种类。以竹架大棚为主，温室为辅，大棚占设施总面积的80%左右，温室占20%左右。

d.农资来源。主要来源是本村小店、榆垡镇科技站和河北固安县农资个体经销户，农资质量参差不齐。

e.农产品销售。村里农产品销售方式主要依靠小贩到地头收购，一些农户偶尔到附近市场(沙窝等)进行分散式销售，但市场价格与地头收购差异不大。

②总体评价：整体看，求贤村主导产业(设施蔬菜)生产发展水平不高，发展设施农业还有较大潜力。据调研组分析，村里设施农业的发展主要存在4个问题：一是设施栽培技术水平不高，产量差异不大。据农户反映，2007年大棚番茄、温室番茄亩产都在5 000公斤左右。二是种植的大路产品多，反季节精品少，收购价格较低。如当前棚室番茄平均售价仅为0.6元/公斤左右。三是设施档次低。采用日光温室栽培方式，虽然每亩多投入1 000元，但由于生产季节延长，亩效益可比大棚多收入2 000元左右。四是生产方式传统。据调查，村里没有组建任何农民合作经济组织，也没有龙头企业带动，村民生产产品无订单，无稳定销售渠道，地头商贩收购占到村里农产品销售总量的近50%，其他50%以一家一户跑市场为主，单打独斗弱势特征明显。

(五)主导产业技术分析

调研组对番茄、西甜瓜、芹菜等设施瓜菜品种，进行了技术应用状况分析。主要目的是帮助提出在品种、育苗、栽培管理、病虫害防治、肥水管理等关键技术环节的问题，为开展技术帮扶提供一些依据。

1.番茄

(1)品种　农户用种随意性大,缺少主导优势品种。根据调查,2007年农户种植的番茄品种没有几家相同,主要原因是种子来源渠道分散,农民选择品种主要根据经验或亲戚、朋友介绍。

(2)育苗　以农户购种后自己分散育苗方式为主,易造成后期病害。主要原因是集中育苗技术要求高,农户技术操作有困难。

(3)病虫害　农药使用上存在严重问题。突出反映在一是农户难以判断农药真假;二是用药技术存在较大缺陷,包括轻防重治、不了解农药特性和使用方法造成滥用和加大剂量等。

(4)土壤　大水大肥现象比较普遍。据调查,大部分农户番茄生长期都是每7～10天漫灌1次水,每亩大约需要1小时,耗电8～9度,随水冲施复合肥每亩20公斤左右。定植前每亩还基施有机肥4方、复合肥100公斤。造成大水大肥的主要原因一是农户不清楚肥力状况;二是依靠经验,不重视科学施肥;三是节水意识差,认为节不节水和自己关系不大。

2.西瓜

(1)育苗　目前以散户育苗为主,农民最急需西瓜育苗相关技术。

(2)病虫害　农户普遍关心有害生物的识别与防治技术,特别是蚜虫和炭疽病防治技术等。

(3)栽培技术　农户需要西瓜嫁接、坐果等技术,解决嫁接成活率低和因坐果灵使用不当产生畸形果、造成坐果率低等问题。

3.芹菜

(1)湿度　重点需要解决人工控制湿度技术,切实减少倒伏问题。

(2)品种和施肥　解决沿用老品种和经验施肥问题,提高生产水平。

(3)病虫害　帮助解决黑斑病防治等问题。

(六)农民培训

1.村民与社会机构联系状况

本次调研中,3个调研组分别引导村干部和农民绘制了机构联系图,力求得出农民与社会机构联系获取资源情况,同时也试图了解社会机构与农民联系情况或联系密切程度。

从村干部组反映情况看:与村里联系比较密切的镇政府机构中,主要有镇经管站、民政科、科技站和菜办,这些机构主要为村里提供经济账目、生老病死、婚丧嫁娶、农业技术服务的相关管理与技术支持;区政府机构与村庄直接联系不多,但新农村建设规划、农业科技示范点建设、“百村百名”农村技术员培养等已直接惠及村庄和部分村民。

从农民组反映的情况看:与农民联系最紧密的共有10类机构,其中只有镇政府科技站、镇蔬菜办两家机构属于政府公益性推广机构;在主动联系农民机构中,除科技站外,其余多为销售农资和产品的经营单位或个体经销商贩;在农民主动联系的机构中,除少数农户向科技站进行过技术咨询外,联系动机多为购买农资产品。另外,村里河北梆子等戏曲活动比较活跃,曾主动联系有关部门进行学唱辅导。

2.关于农民培训工作

和以硬化、绿化、美化、净化、亮化为标志的村庄道路交通、医疗卫生、文化体育等硬件条件相比,农民培训工作严重滞后,成为新农村建设的“短板”。农民培训的主要问题是:

(1)培训次数少　据调查反映,村民1年内平均接受各种(包括农业和非农业)培训的次数最多3次。

(2)培训地点远　就近在本村开展的培训几乎没有。

(3)培训覆盖面有限　村里接受过培训农户平均不超过3人,且轮训时间长。如该村3名番茄种植示范户,最近的科技培训是在5~6年前。

(4)培训与需求结合不紧密　据农户反映,镇科技站组织的培训主要以生资购买和技术咨询为主。另外,镇政府组织的设施大棚、番茄种植方面的培训,农户反映生产上用不上。至于农民所需要的市场信息没有可靠渠道,主要从生产资料销售店或商贩处获得,信息可靠性、时效性都无法保证。

(5)农民怕风险　村干部组的调查显示,由于当地农户比较保守,对草莓、小番茄等优新作物和蔬菜新品种不愿尝试、怕担风险,培训解决不了技术风险问题,也影响到培训效果。

四、帮扶对策建议

(一)用足用好设施农业产业扶持政策

求贤村产业、产品特征十分突出,以设施蔬菜为中心、以番茄为主栽品种,已成为带动当地劳动力就业和增加农民收入的主要渠道,广大农户对发展设施农业需求强烈。据本次调查,2008 年 9 月份村里将动工拆除 1 000 亩竹架大棚,实施 500 栋日光温室和 500 个钢架大棚的改建工程,建设投入预计在 5 800 万元左右,村民自筹比重预计在 10%左右,需要各级政府投入 5 300 万元左右。据调查,目前大兴区政府实施的设施农业补贴政策可解决其中一部分建设投入,但还有相当一部分资金没有解决渠道。建议由北京市农业局蔬菜处牵头,成立求贤村设施农业对口帮扶联系小组,围绕求贤村设施农业规模情况和设施分布地域,认真研究用足用好北京市相关扶持政策,帮助争取"百村万户一户一棚援助型设施农业工程"项目及其他相关扶持政策。通过政府扶持,把该村发展为郊区设施农业重点示范区,保证 2008 年年底前改建工程顺利完工。

(二)集成北京市农业局优势资源,大力推广先进技术

本次调研基本摸清了求贤村主导产业存在的 4 类突出问题,即

新品种、新技术、新材料的引进，农业高效安全种植技术，耕地质量提升技术和清洁能源(沼气)推广。调研组认为，以上技术问题的解决，直接关系到当前生产发展和农民致富，是新农村建设深入、持久发展的基本动力。要解决好上述问题，一是集成北京市农业局系统优势人力资源，组织推广、植保、土肥等专业领域骨干专家，带着项目进村入户开展技术需求对接，帮助农民解决当前生产中最急需解决、见效最快的技术问题；二是发挥好农业科技相关政策性扶持和奖励，使更多农户享受科技惠农，如生物肥补贴、农药空瓶回收、农资综合补贴、旱作玉米品种补贴和免费使用抗旱剂等；三是通过科技入户项目培育科技示范户，提高其技术传播和示范能力。以上工作建议由北京市农业局蔬菜处、粮经处分别牵头组织。蔬菜处负责统筹组织村里设施蔬菜品种、育苗、植保等重点技术，帮助大力发展高档蔬菜，推广标准化技术等。粮经处重点负责组织测土配方施肥、农业综合节水等配套技术，逐步提高求贤村农业综合生产能力。

(三)以农民田间学校为载体大力培养新型农民

按照"一村一品一校"办学模式，集成北京市、大兴区两级农民田间学校资金和高级辅导员师资力量，发动乡镇政府和村委会，围绕5个方面建好1所番茄农民田间学校：一是提高学员科技意识，率先采用新品种、新技术、新产品；二是提升学员主动意识，学会与部门、机构的联系技巧，学会主动搜寻科技信息；三是畅通技术信息渠道，方便技术部门及时进行技术服务与指导；四是培养农村专业技术能手和乡土专家；五是辐射带动周边2～3个村发展设施蔬菜。建议由北京市农业局科教处牵头，组织协调推进建设工作。

(四)其他建议

1.加强基础设施建设、养护、管理工作

建设方面，建议着重做好田间道路硬化工作，改善蔬菜收获季节多雨道路泥泞问题，加强滴灌设施改造，切实方便冲施肥施用；养护方面，建议加强对已有设施设备的维护保养和技术培训服务，确保建成的生产和其他方面的设施设备能长期有效地为农民提供生产、生活服务；在管理方面，要提高设施设备管理效率，确保滴灌等建在地头、用到田间。

2.组建多种形式农民合作组织

增加农民收入的主要方法是优化生产资料供给，延长产中技术服务和产品营销的产业链条。建议在重视生产发展的同时，壮大求贤村社会化服务组织建设，建立多元化农业技术服务载体，如农资连锁店、农机服务队、农民专业合作社、发展加工配送企业等，解决产后销售问题。

附录四　调研材料汇总

一、第二小组访谈情况表

(一)受访农民基本情况

姓名	年龄	家庭人口	夫妇之外家庭成员	主业	收入结构	电话
刘国勇	43	4	1个儿子，1个女儿	大棚菜，2个冷棚，2个温室	菜100%	89291934
王秀江	51	5	1个老人，2个儿子	3个冷棚	菜100%	89216251
何振江	52	4	1个儿子，1个女儿	1个冷棚1个温室	菜100%	89216283
杨国成	52	4	1个儿子，1个女儿	3个冷棚1个温室	菜75%，小店25%	89215323
谷学民	43	6	2个老人，1个儿子，1个女儿	3个冷棚，1个温室	菜100%	89215693

续表

姓名	年龄	家庭人口	夫妇之外家庭成员	主业	收入结构	电话
贾绍昆	49	5	2个老人，1个儿子	3个冷棚	菜100%	89218632
王景臣	48	6	2个老人,1个儿子,1个女儿	3个冷棚，柴鸡1 500只	菜 100%，鸡没赚钱	89217064
谷万福	58	6	2个儿子,1个媳妇,1个孙女	1个冷棚	菜100%	89216987
吴国山	53	4	2个女儿	3个冷棚	菜100%	89214565
何振海	49	4	2个儿子	2个冷棚，1个温室，玉米2亩	菜100%，玉米总产1 000斤	89217391

(二)村基础建设情况

序号	项目	有	数量	满意度（打分）	为什么	建议
1	道路	10	全村	99	方便	增加田间道路，不需要太好，石子路就可以
2	太阳能灯	10	全村	97	亮，方便	
3	厕所改建	8	大部分	100	卫生好了	
4	太阳能浴室	10	全村	90	方便	
5	吊炕	2	30%	100		
6	戏楼	10	1	100	丰富文化生活	
7	健身场地、器材（篮球场）	10	2	98		
8	卫生服务站	10	1	100		
9	垃圾箱（屋）	10	3	96		
10	网络室	10	1	90		
11	棚	10	全村	100		

续表

序号	项目	有	数量	满意度（打分）	为什么	建议
12	滴灌	10	全村	10	费电、费水、管理不好	加强管理，多打井，增加电负荷
13	有线电视		全村	100		
14	图书室		1	93		
15	剧团		1	98		
16	锣鼓队	10	1	99	10 人中有 5 人参加	

(三)种植业结构

作物种类	栽培方式	面积(全村)	亩产/公斤	亩投入/元	单价/(元/公斤)
番茄	冷棚 80%		5 000	2 000	0.6
	温室 20%		5 000	3 000	1.2
黄瓜	冷棚		2 500	1 500	0.6
	温室		2 000	1 500	0.6
豆角	冷棚		500	赚 500 元	
茄子	冷棚		3 000		1.0

(四)主要作物技术选择与分析

类别	名称	来源	建议
品种	958，鑫雨、东圣、金鹏、202，硬粉 8、硬粉 10	榆垡镇上和村子个体销售点	
育苗	买品种后自己繁育		

续表

类别	名称	来源	建议
栽培管理	看说明		
病虫害防治	打药	经销商(商户自己看书)	黄叶:有从上到下黄,还有从下往上黄;疫病:急需解决;少懂技术的人
施肥	有机肥,每亩 4 方,冲施肥基施 100 公斤,每周施肥 1 次,冲施 20 公斤;有 4 人用叶面肥	自身经验	
灌溉	7～10 天浇一水,漫灌,每个棚需 1 小时,耗费 8～9 度电		

(五)农资购销

种类	购买渠道	方便程度	质量	问题	建议
化肥	村小店	方便	真假难辨,不知道管不管事	确定是用法和用量的问题还是农药和化肥的质量问题	设一点,只要是真药、真肥,贵一点没关系;有技术人员指导,对症下药
农药	村小店	方便	打不死虫子,但也难确定真假		
农机	10 人中有 2 户有	租用为主			

(六)产品销售

种类	购买渠道	方便程度	价格差异	问题	问题	建议
番茄	沙窝市场,小贩	方便	不大	有时不好卖	市场多,价低不好卖,信息不畅	增加市场信息,没办法控制,没有合作组织

二、第三小组访谈情况表

(一)参加调研人员基本信息(共9人)

姓名	性别	年龄	家庭人口	家庭主业(种植、原子、养殖)		收入比例(种植、养殖、其他)	联系电话
康万明	男	45	3	种植冷棚5个		种植100%	89216484
张文成	男	46	4	暖棚1个,冷棚4个		种植100%	89216066
谷兴春	男	46	3		养殖鸭子4 000只	养殖100%	89215482
何宗胜	男	45	4	冷棚4个		种植100%	89215569
何宗旺	男	55	3	暖棚1个,冷棚2个		种植100%	89217032
王景礼	男	46	3	暖棚1个,冷棚2个		种植100%	89218294
李会芝	女	52	2	4亩桃果树		在村打工1人(20%),桃树(80%)	89214566

续表

姓名	性别	年龄	家庭人口	家庭主业 （种植、原子、养殖）	收入比例 （种植、养殖、其他）	联系电话
柴吉凤	女	40	6	暖棚2个，冷棚2个	种植（90%），打工（10%）	89215965
马艳霞	女	47	4	冷棚3个	种植100%	89213207

（二）新农村（求贤村）基本设施建设情况

序号	调查内容	有/无	数量	满意度打分（满分90分）	排序	为什么	建议
1	文化大院、文化广场	有	1	75	6		
2	社区医疗服务站	有	1	69	4		
3	健身器材、球场	有		69	4		
4	太阳能路灯	有	100%	84	11		
5	有线电视、电话	有	100%	78	8		
6	改厕、集中排污	有	100%	87	12		
7	垃圾站、垃圾车、垃圾桶	有	100%	76	7		
8	灌溉	有		69	4	用漫灌，便宜、可刷卡、效果好；不用滴灌，麻烦、肥施不进去、管理不好、须随时保持压力、费电、易造成均摊	

续表

序号	调查内容	有/无	数量	满意度打分(满分90分)	排序	为什么	建议
9	环村道路建设	有		62	3	下雨时田间道路泥泞,车辆出入不方便	修简易道路到田间地头
10	数字家园	有	1	87	12	100%不知道	
11	农机器具	有	3	48	1	成本高、补贴机具买不到,现用大型器具多来自个体,租用费用高	
12	村邮站	有	1	97	15	有专人负责	
13	绿化植树	有	100%	94	14	杨树1万多棵,枣树、杏树、核桃树、花卉等,绿化100%	
14	煤气	有	100%	57	2	无天然气,均使用液化气,有时用电省钱,煤气太贵100元/月	
15	树木残枝有无影响环境	有		79	9	枯枝、秸秆均作燃料	
16	机井	有	32	84	11		
17	浴池	有	3个、建设中1个	81	10		
18	新建剧场	有	1	92	13	丰富业余文化生活,可唱戏(河北梆子)	
19	保险	有		70	5	赔付效率太低	

(三)种植、养殖结构

作物种类	栽培方式	面积(全村)	亩产/公斤	亩投入/元	单价/(元/公斤)
番茄	保护地(冷、暖棚)	冷棚500亩、暖棚100亩	冷棚3 000～3 500、暖棚4 000～5 000	鸡粪600、塑料1 300～1 400每年1次,农药、种子、化肥1 500	鸡粪1.0
西瓜	冷棚	1/3农户种植	1 500～3 000	吊绳100元/亩,共2 500～3 000	0.4～1.8,平均1.0
芹菜	暖棚	100亩	3 500～5 000	3 000	1.4～1.6
玉米	陆地		400～500		
小麦	陆地		300～400		1.6
黄瓜	暖棚		2 000～2 500	700～800	0.4～1.4
豆角	设施种植	20～30			
茄子	冷棚	40～50	5 000～6 000	比番茄略低	0.8～1.0,最高2元

(四)主要作物技术选择与分析——番茄

类别	名称	来源	原因	打分排序	建议
品种	202东胜、金鹏	80%固安县	价格便宜2～3元/袋,每亩省20～30元	39	不抗病,坐果率低,来源分散,质量没保障,种子带病互相传
育苗	伴药(多菌灵)出苗打药	自己育苗	不拌易出现黑根,预防猝倒	48	

续表

类别	名称	来源	原因	打分排序	建议
植保	7～10天打1次药，易出现基腐、立枯、早晚疫、灰霉		干叶、黑心，病虫害防不住。	39	发生后才找门市部买药，不好防治
施肥	没有测土，靠经验		都知道花钱到固安县买肥才给测	46	不清楚肥力，缺什么肥
控温放风				49	
灌溉	10天1次		靠自己掌握	54	

(五)主要作物技术选择与分析——西瓜

类别	名称	来源	原因	打分排序	建议
品种	京欣1号、景甜、羊角蜜			62	
育苗		同番茄	育苗时关键，散户育苗缺乏育苗技术	55	
植保	炭疽病、红蜘蛛蚜虫		蚜虫防不住，瓜枯萎、缺乏防治技术	57	用烟雾剂（杀菌剂）
栽培管理	人工对花（大瓜），小瓜坐瓜灵100%		嫁接成活率低	59	
施肥		同番茄		60	
控温放风				60	
灌溉	沙地3天1水，生育期要5水			63	

(六)主要作物技术选择与分析——芹菜

类别	名称	来源	原因	打分排序	建议
品种	文图拉，西芹/环球			58	
育苗	多菌灵拌土，比例凭经验			67	
植保	黑斑，2～3次多菌灵			68	
栽培管理				66	
施肥	凭经验			62	
控温放风				57	易倒伏,关键是湿度无法控制
灌溉				71	

(七)农资购销渠道与现状

种类	购买渠道	方便程度	质量	问题原因	建议
种子	固安县		没保障		希望政府建销售点，价格高点没关系
化肥	本村	3个销售点，方便	没保障		建议开连锁店
农药	本村、镇科技站	3个销售点，方便	没保障		建议开连锁店
有机肥（鸡粪）	河北固安				

(八)农民培训与技术指导

形式	内容	方法	次数	效果	问题	建议
卖药、卖肥的厂家						
镇里组织	电工、大棚					
固安教授						
番茄培训			1人	镇里组织40～50人，内容是棚里没发生过的		
西瓜、芹菜						
培训						
参观学习						
番茄示范户			3人			
水管员			5人			
护村员			3人			
防疫员			2人			

(九)农户机构联系图

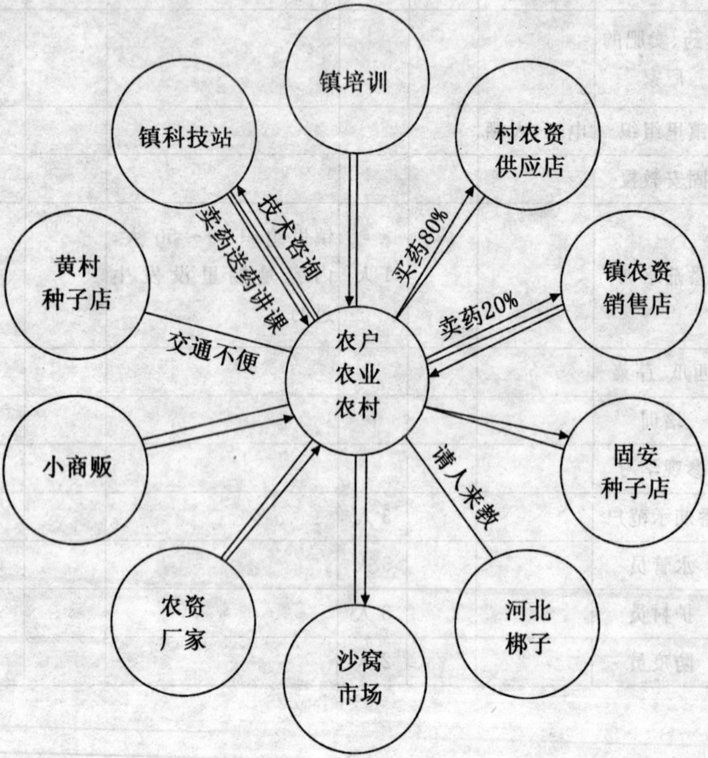
镇培训
镇科技站
村农资供应店
黄村种子店
镇农资销售店
农户农业农村
小商贩
固安种子店
农资厂家
沙窝市场
河北梆子
技术咨询
卖药送药讲课
买药80%
卖药20%
交通不便
请人来教